Adult Coloring Book

Stress Relieving Designs Animals, Mandalas, Flowers, Paisley Patterns And So Much More

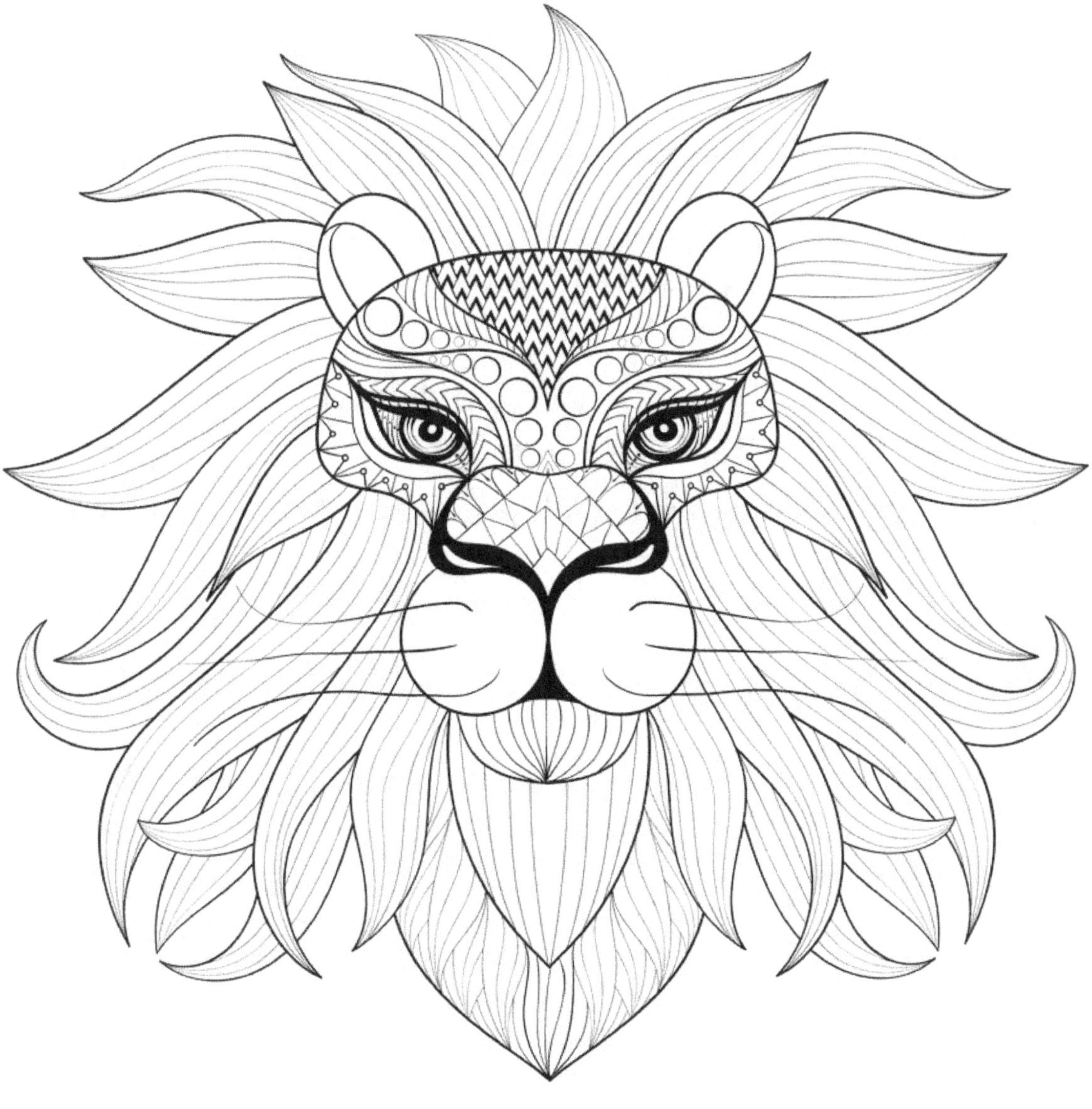

Copyright © 2019 by Careezma publishing

All rights reserved. No part of this publication may be reproduced distributed , or transmitted in any form or by any means, including photocopying , recording, or other electronic on mechanical methods.

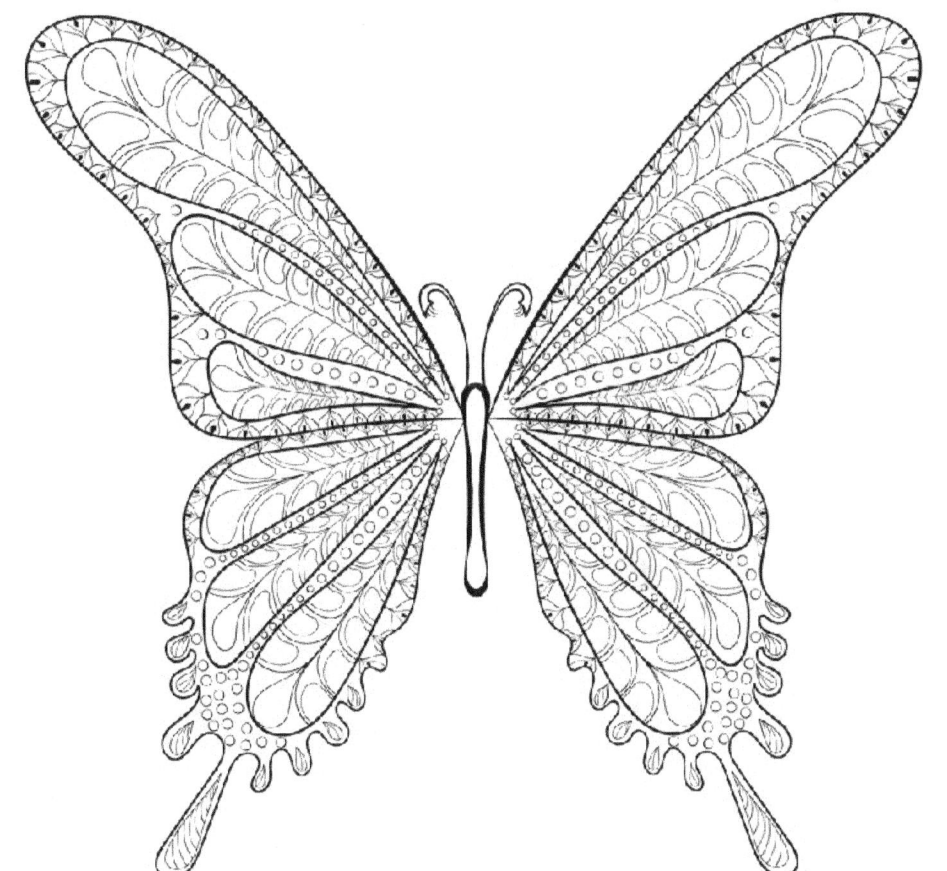

this coloring book belong to :

Name : ....

Email : ....

Phone : ....

color test page :

Careezma
publishing

Date : . . . .

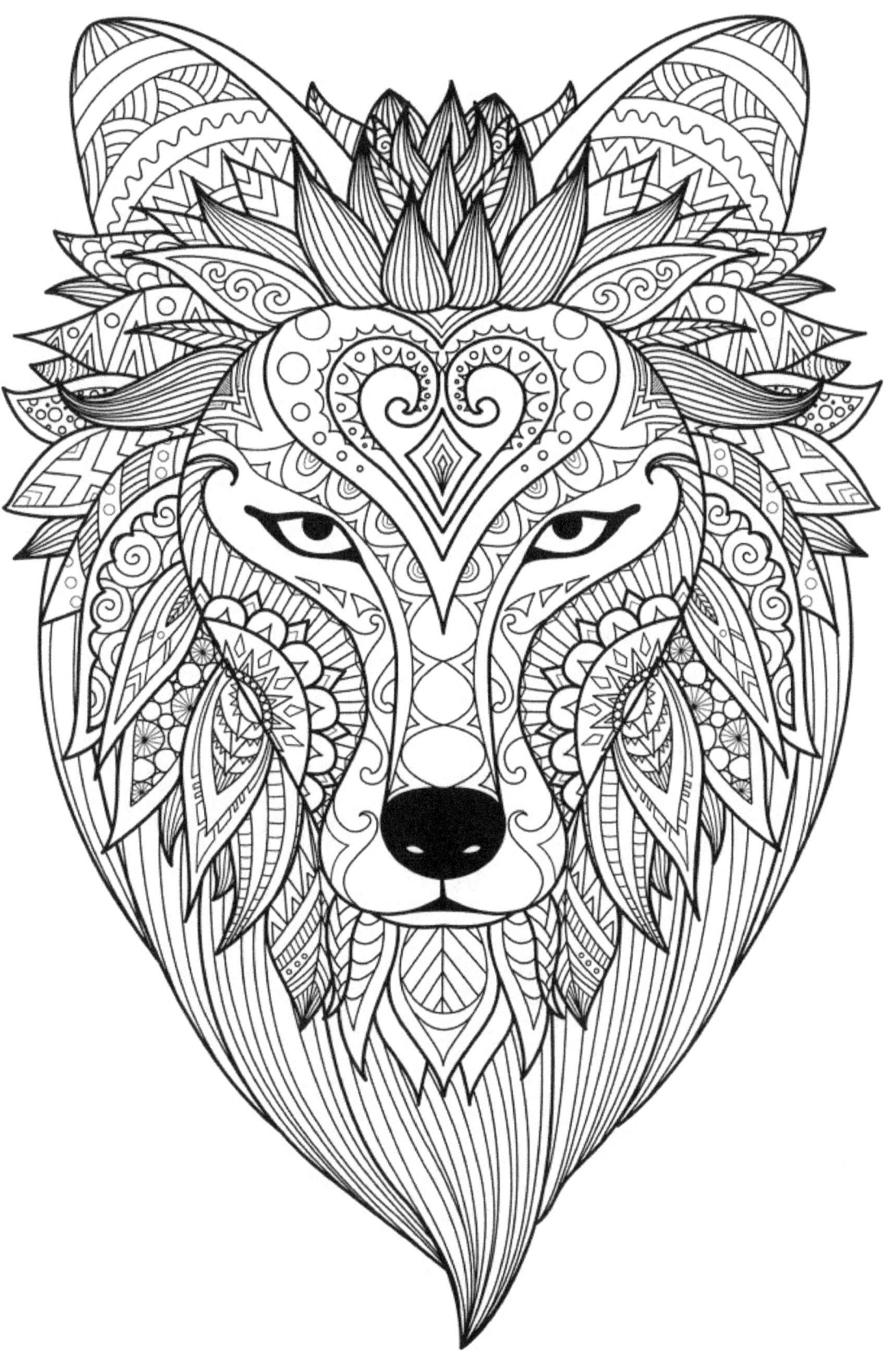

Artist : . . . .

Date : . . . .

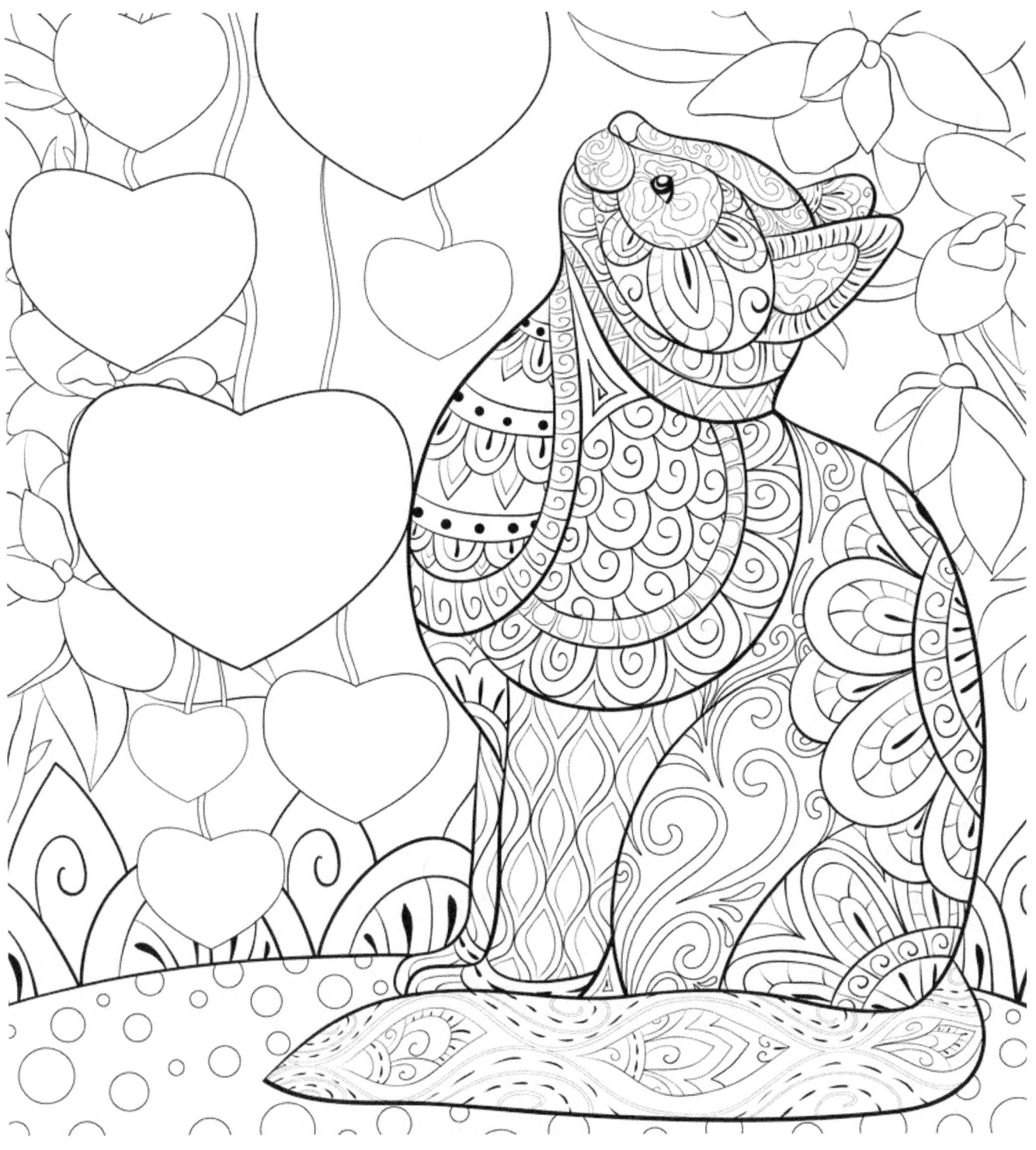

Artist : . . . .

Date : . . . .

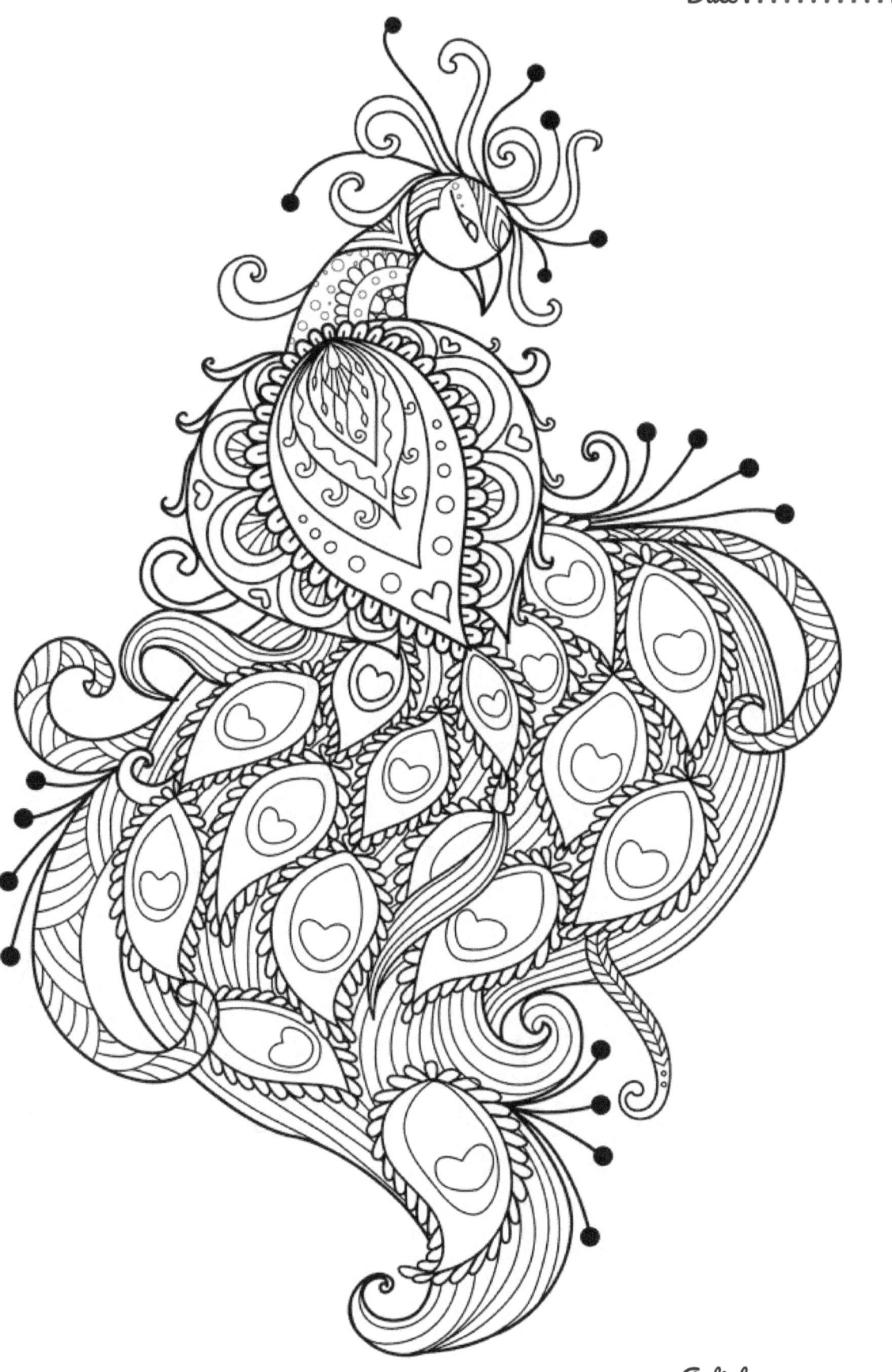

Artist : . . . .

Date : . . . .

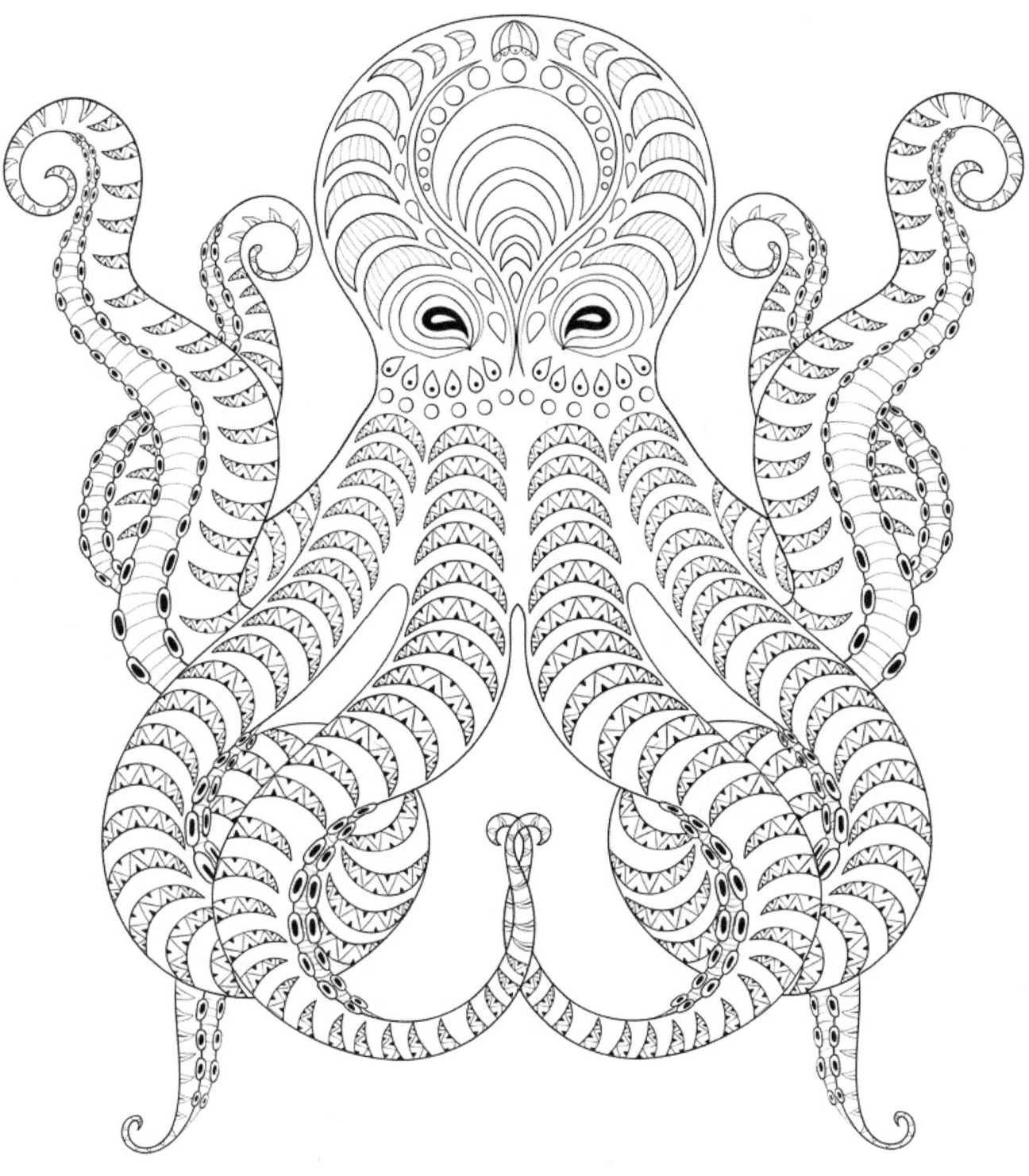

Artist : . . . .

Date : . . . .

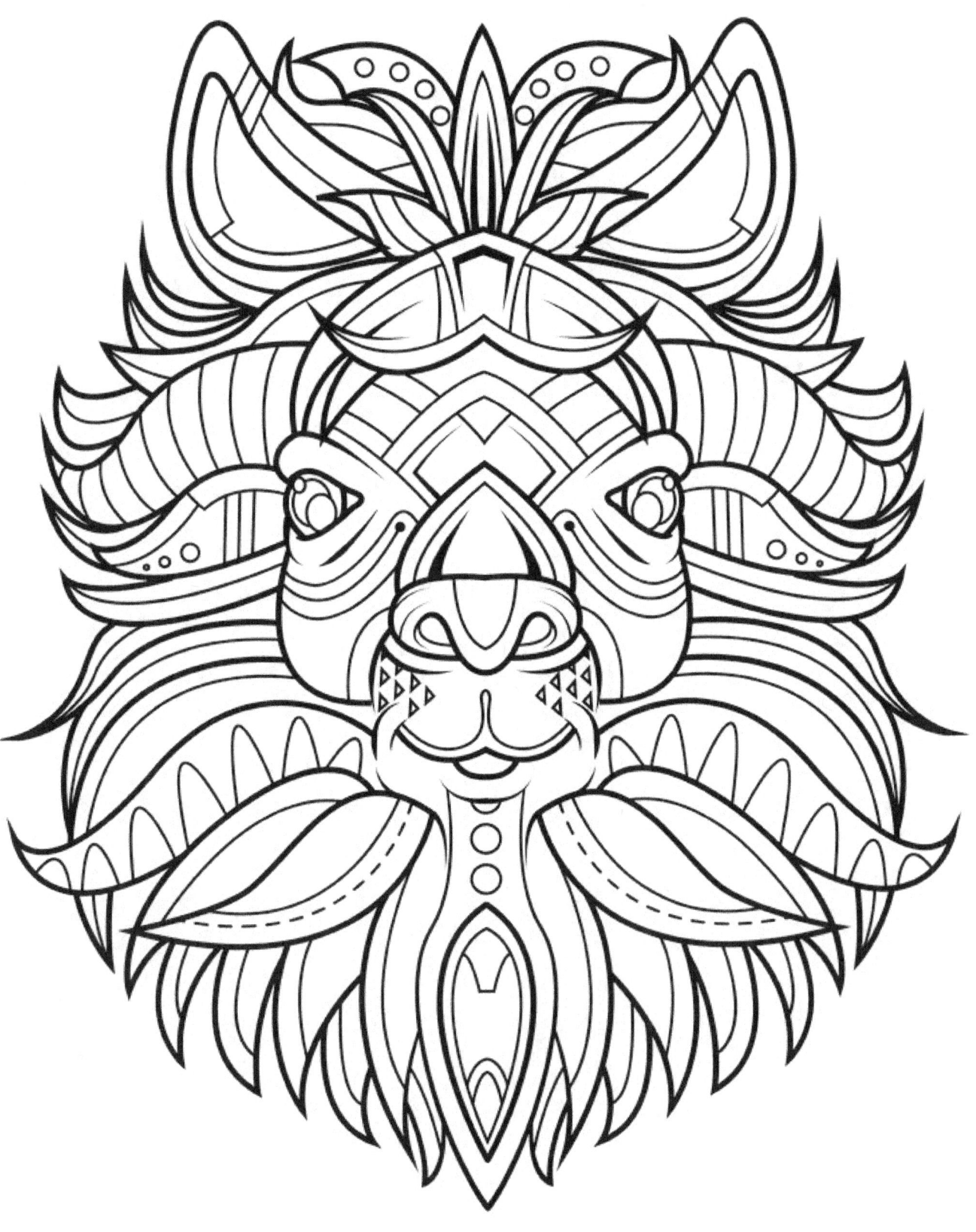

Artist : . . . .

Date : . . . .

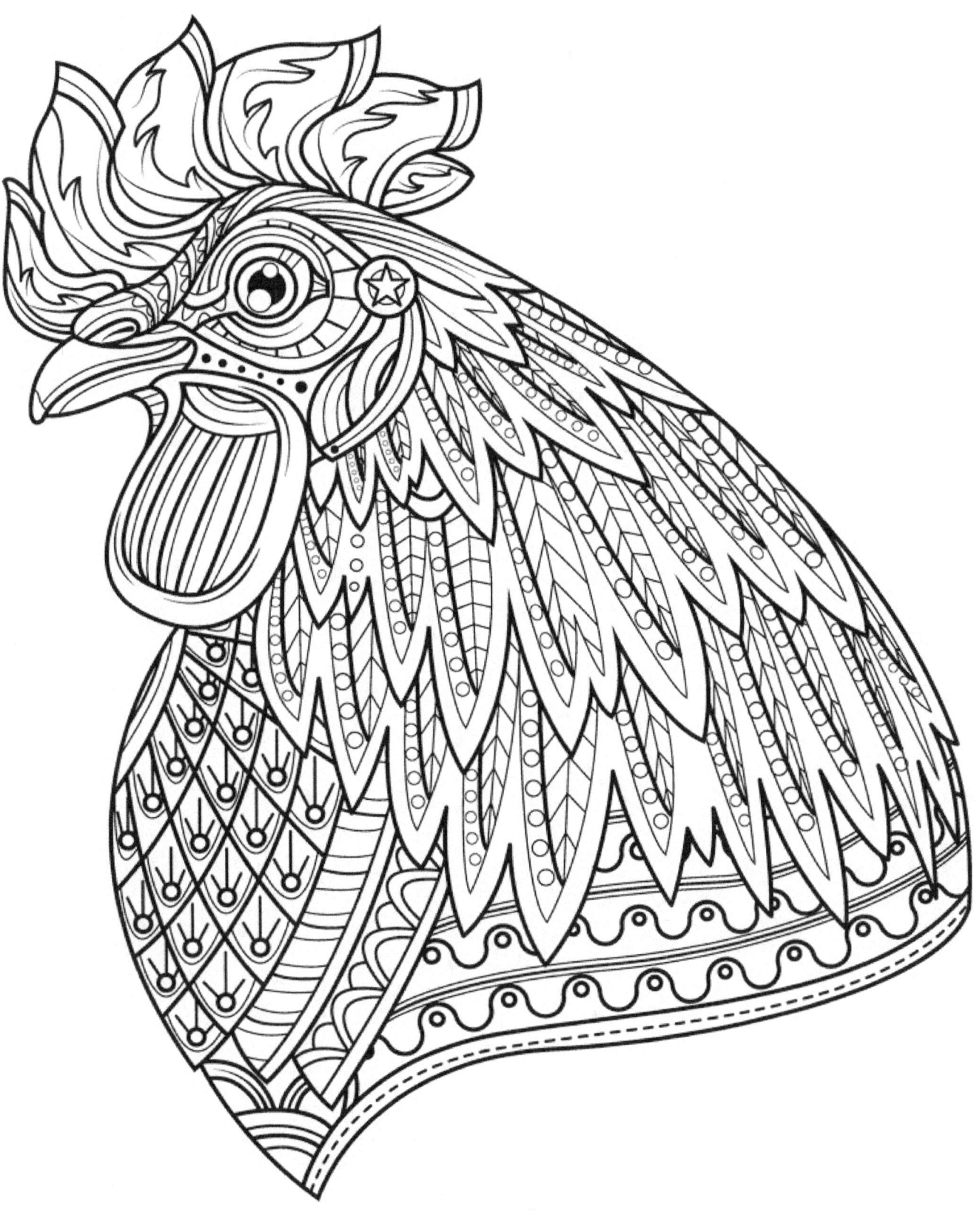

Artist : . . . .

Date : . . . .

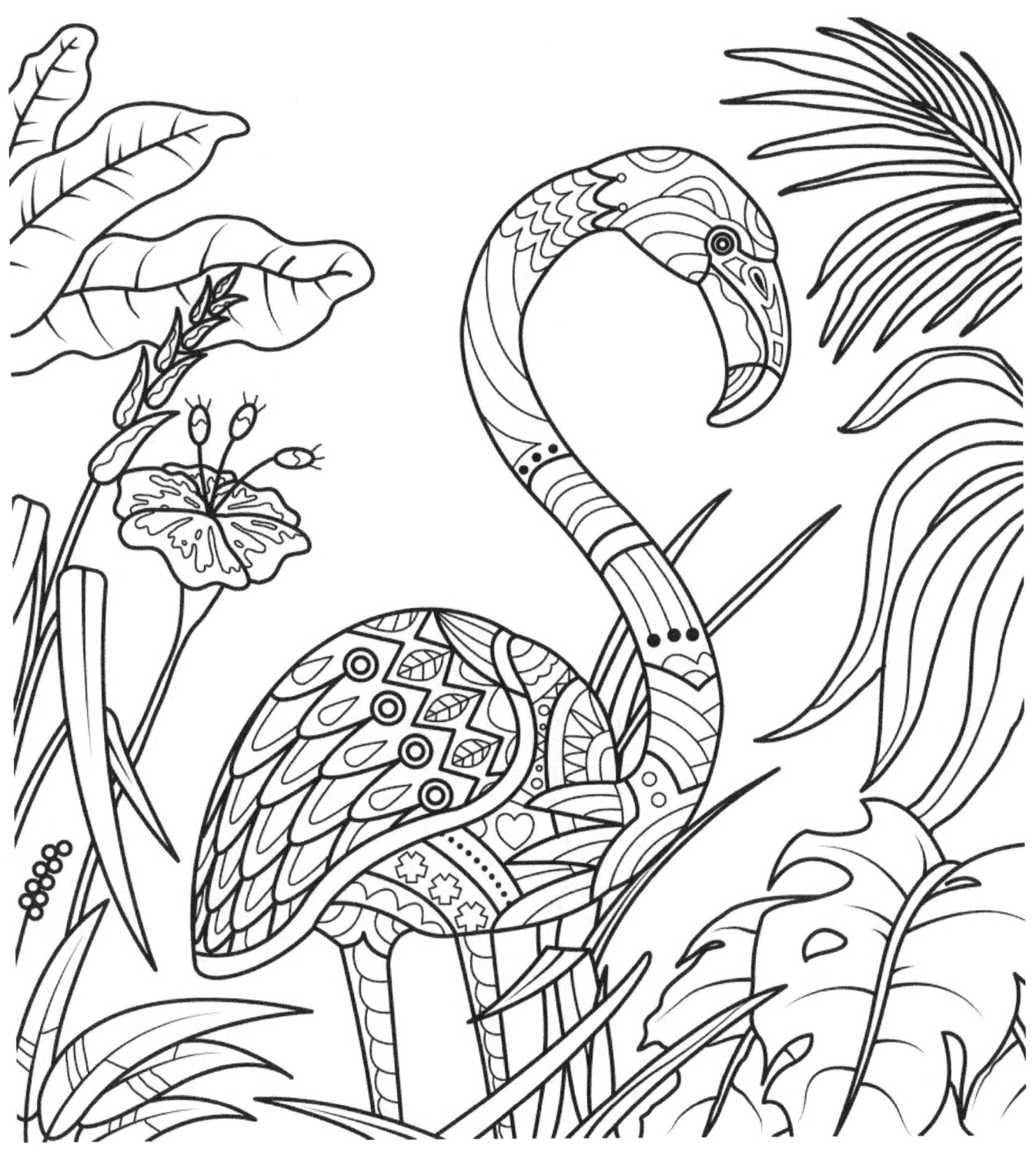

Artist : . . . .

Date : . . . .

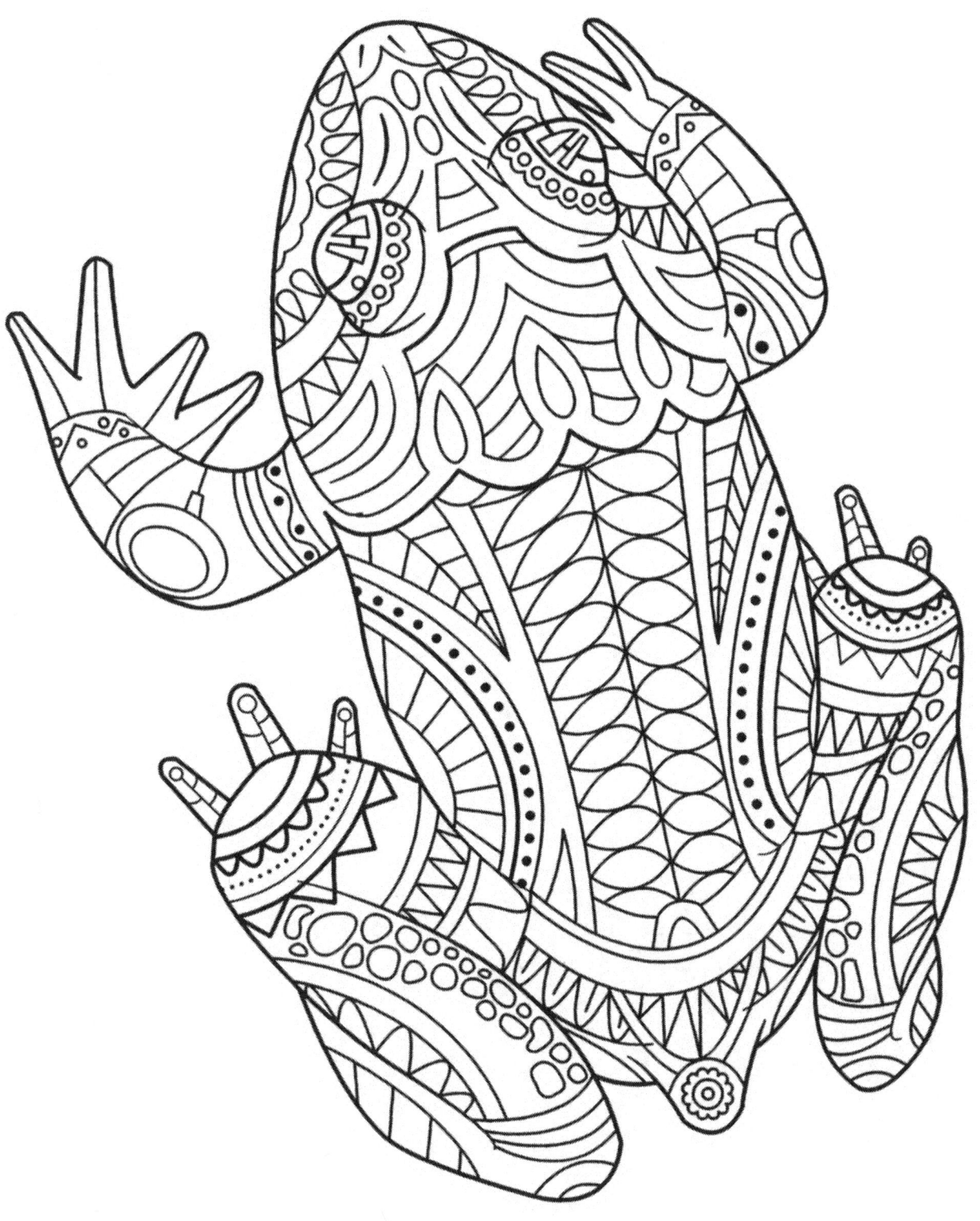

Artist : . . . .

Date : . . . .

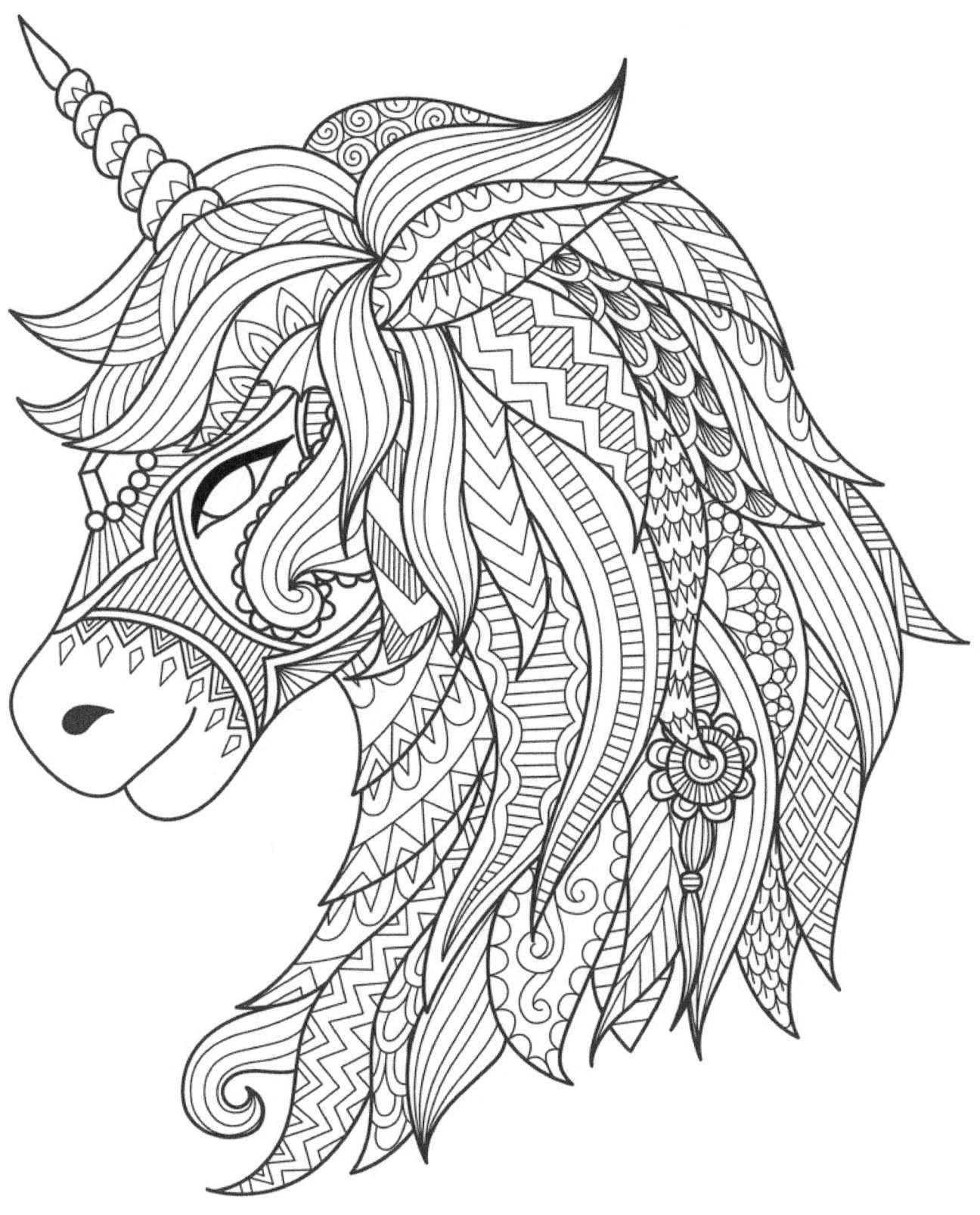

Artist : . . . .

Date : . . . .

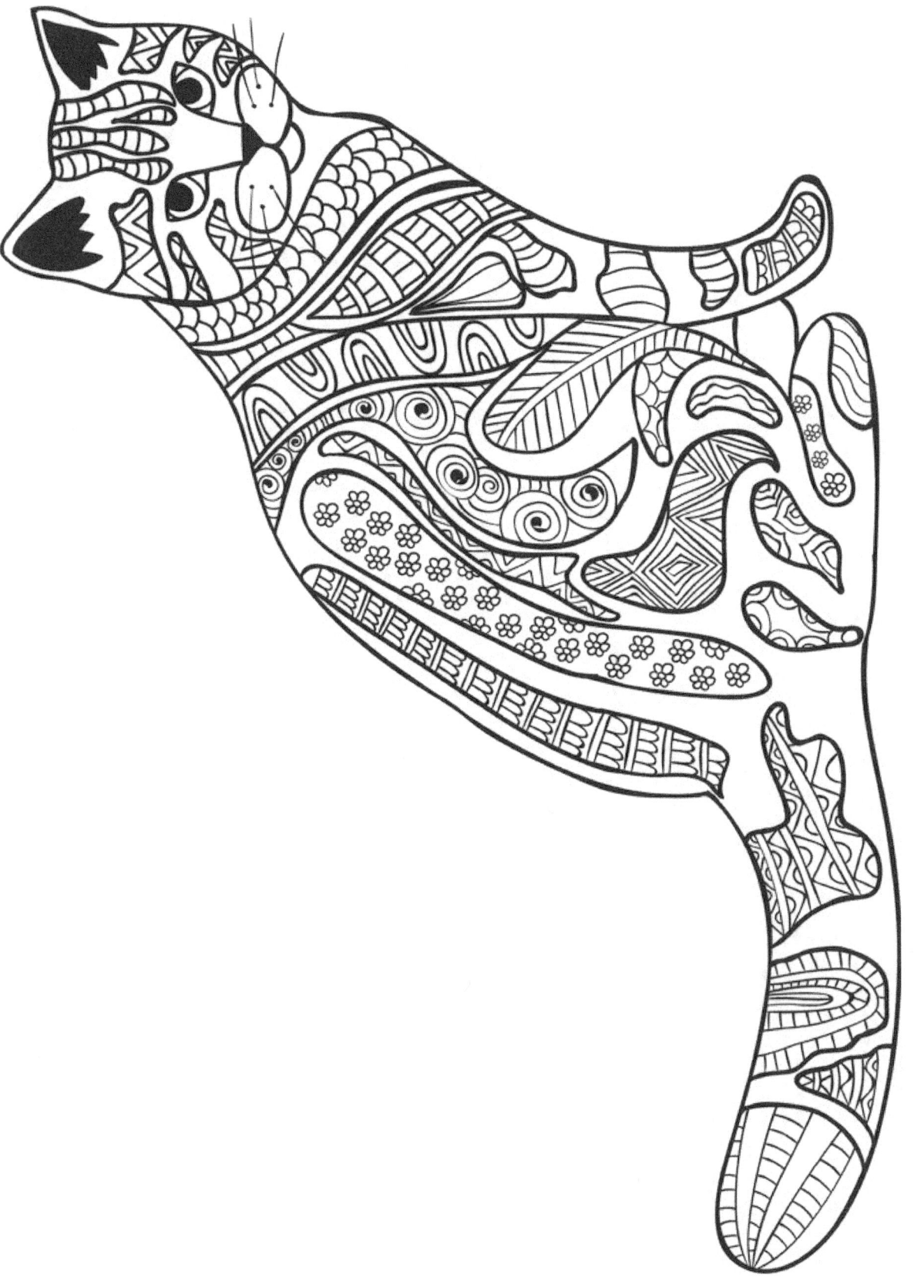

Artist : . . . .

Date : . . . .

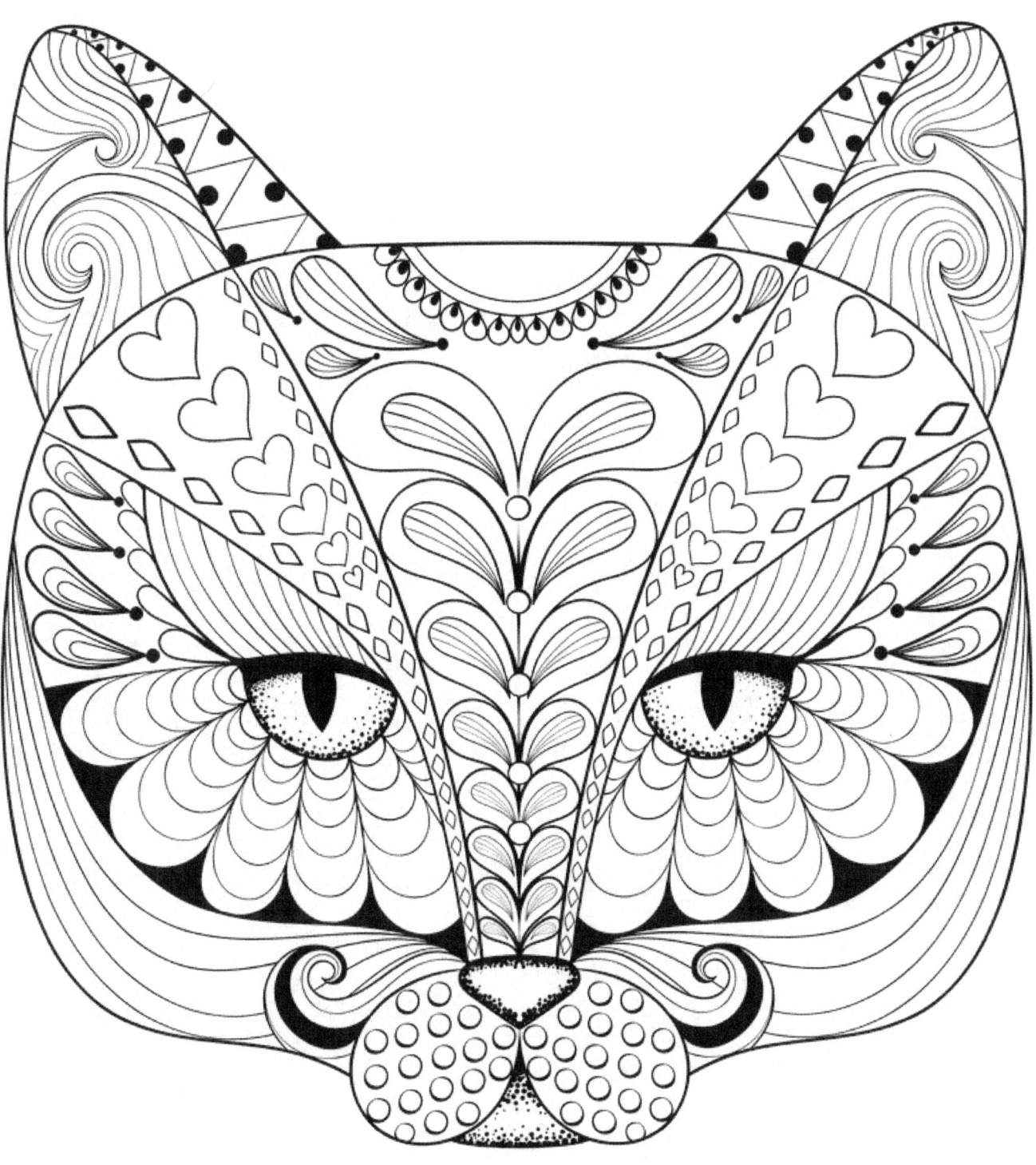

Artist : . . . .

Date : . . . .

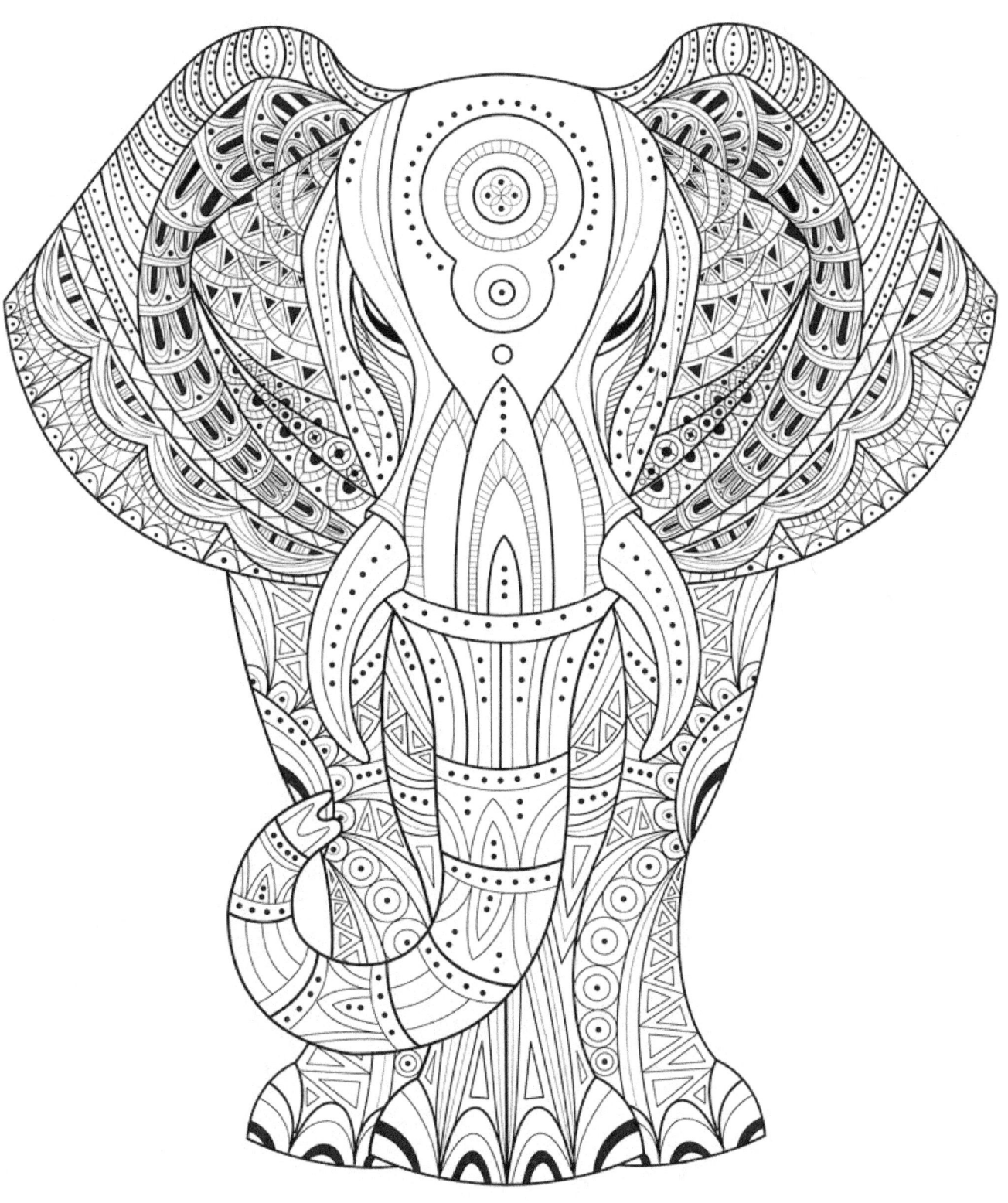

Artist : . . . .

Date : . . . .

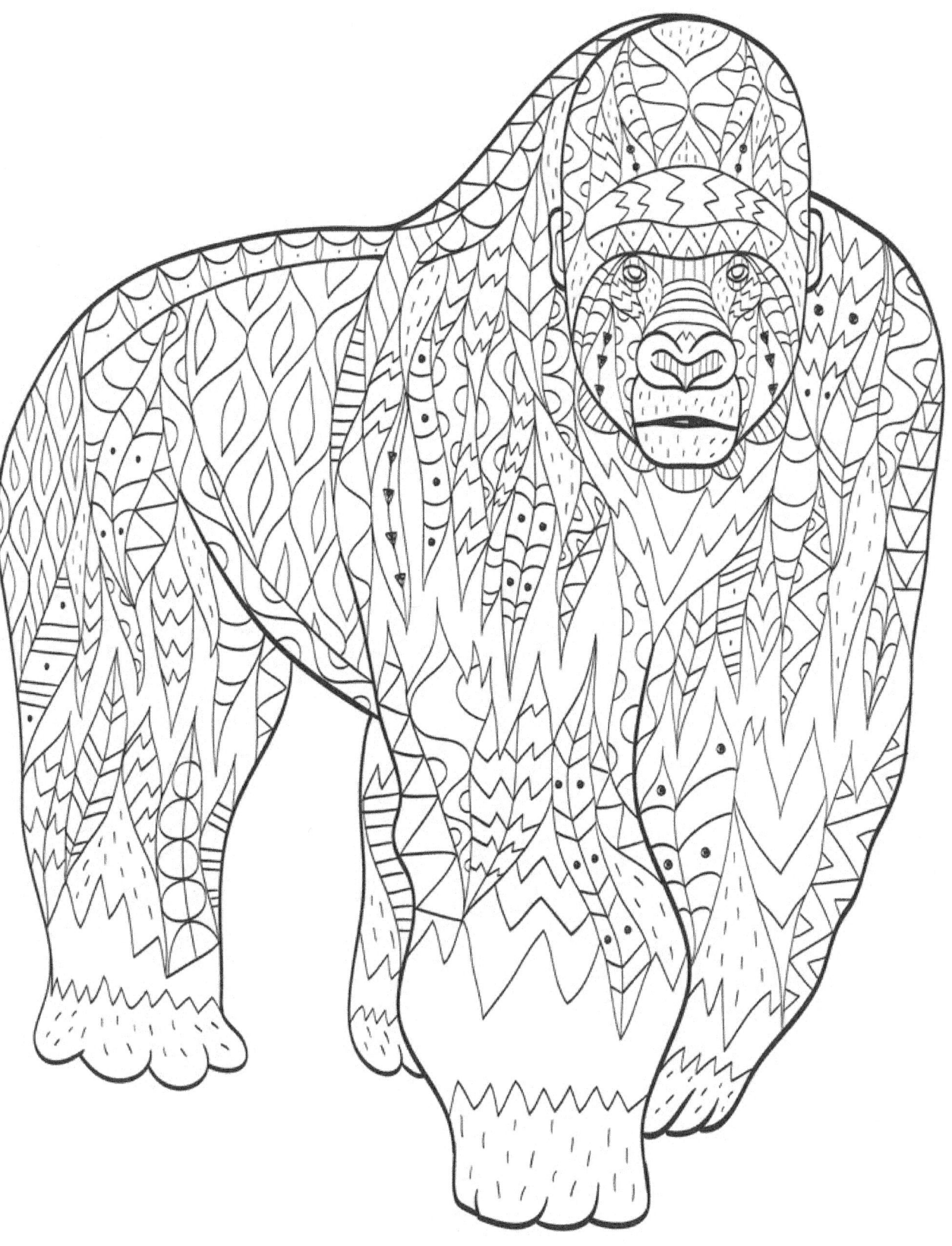

Artist : . . . .

Date : . . . .

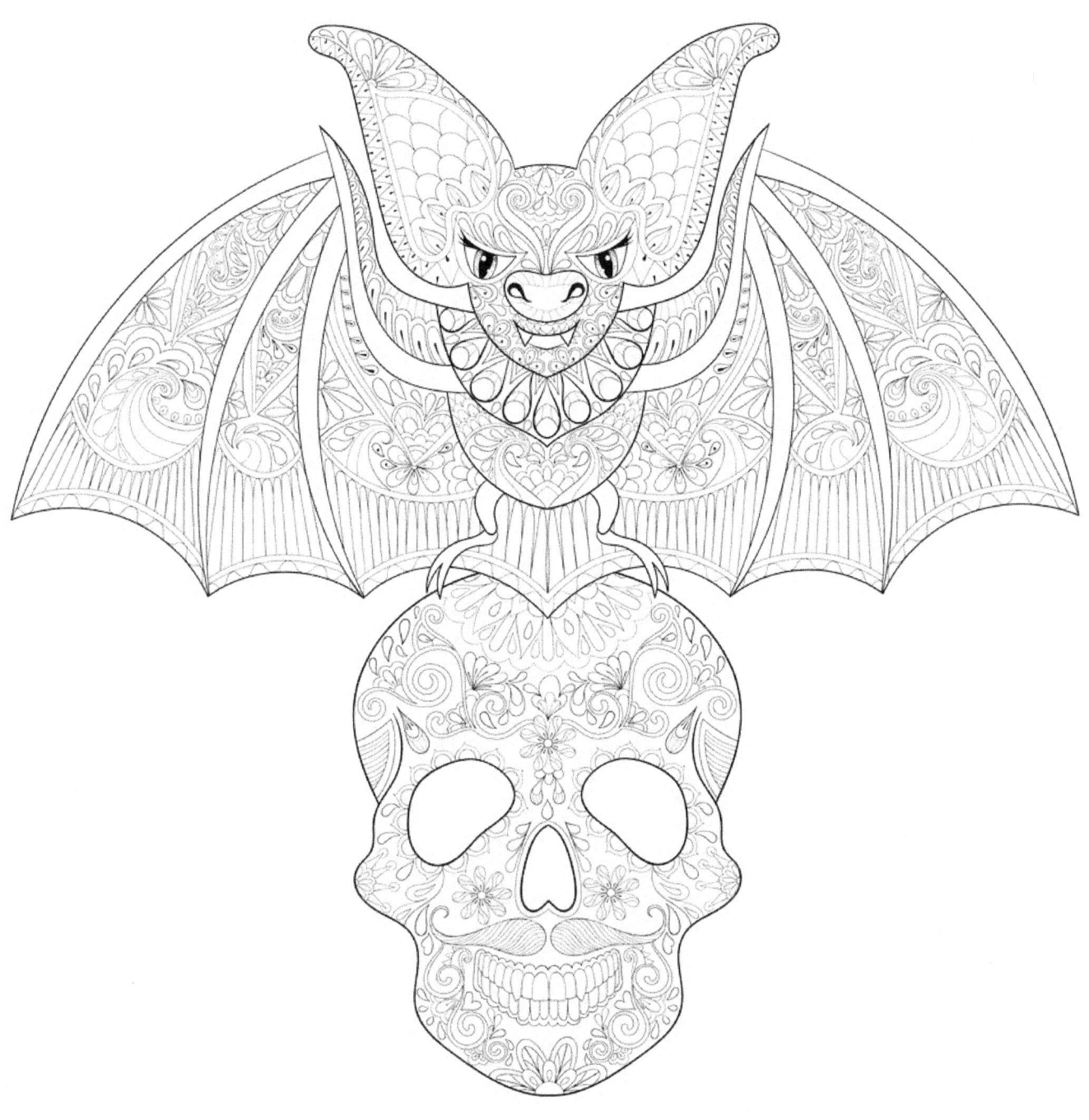

Artist : . . . .

Date : . . . .

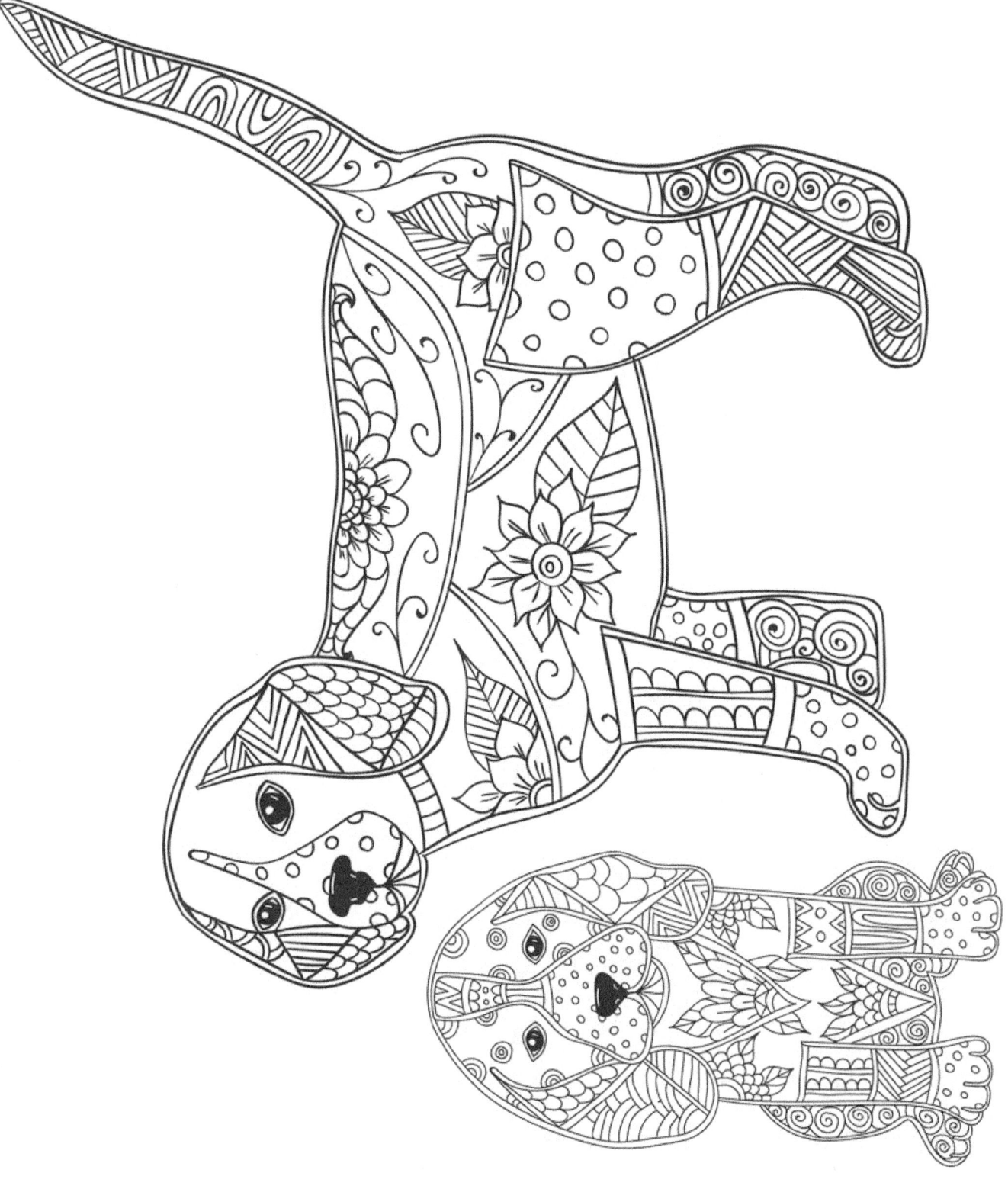

Artist : . . . .

Date : . . . .

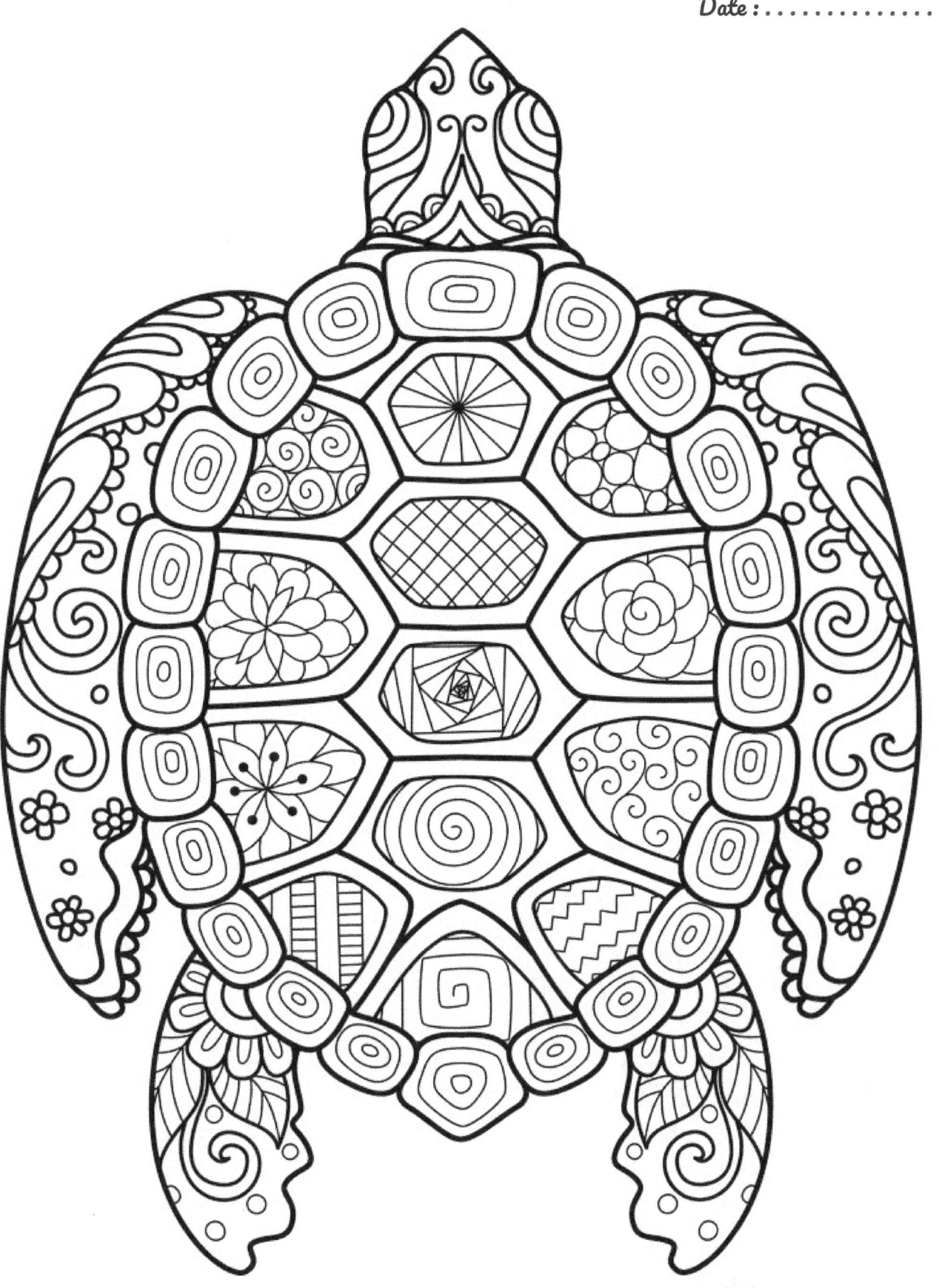

Artist : . . . .

Date : . . . .

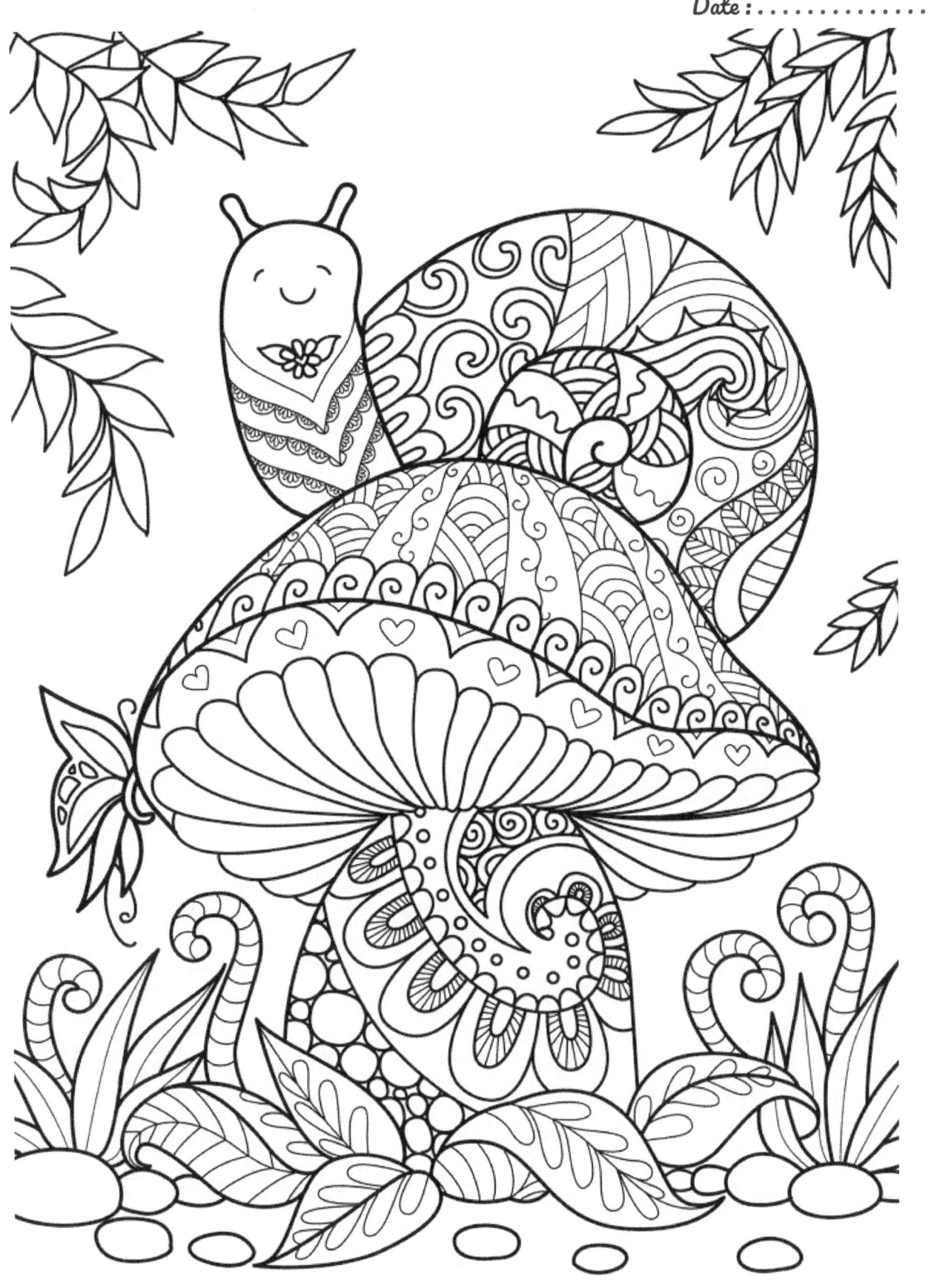

Artist : . . . .

Date : . . . .

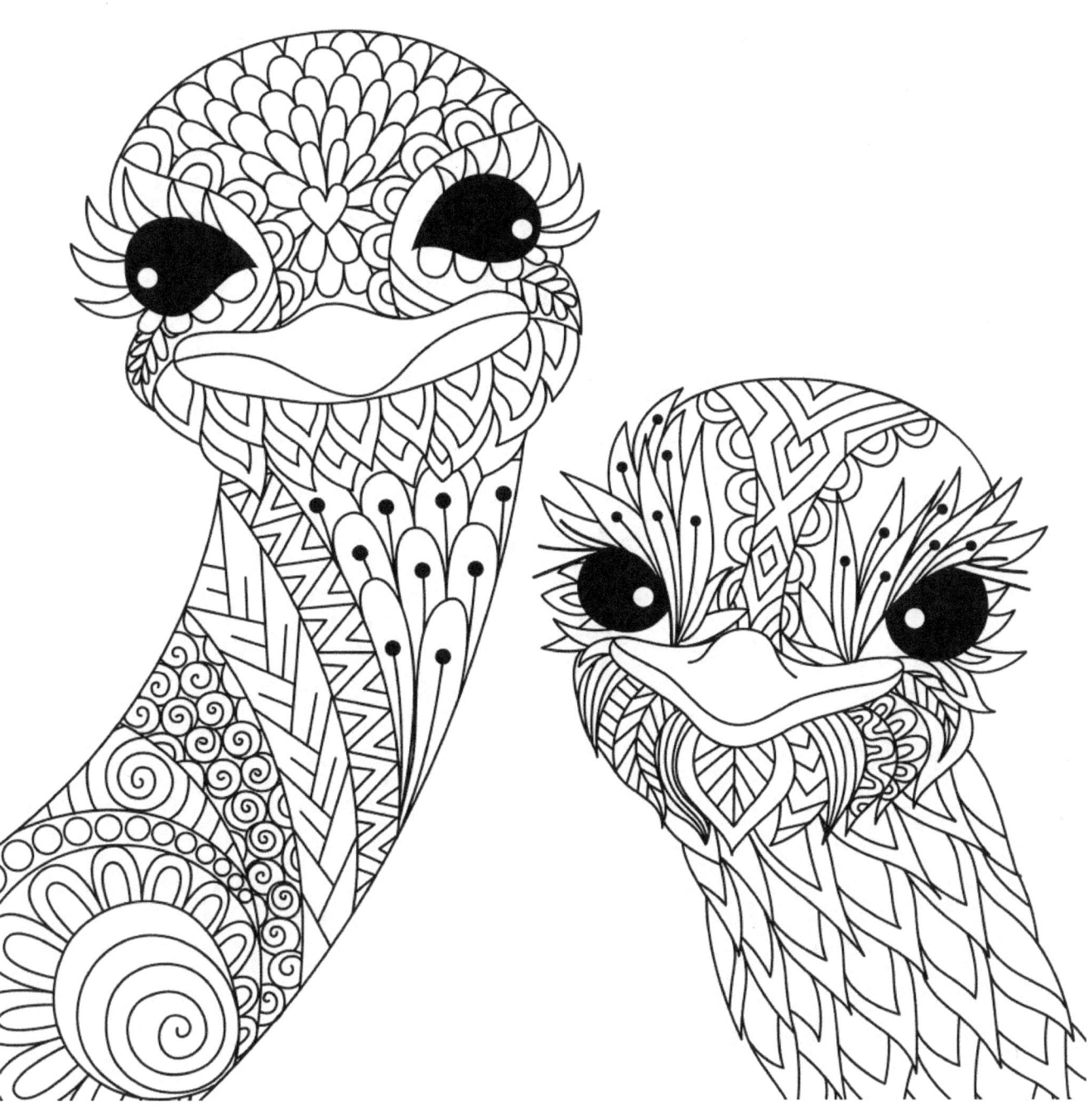

Artist : . . . .

Date : . . . .

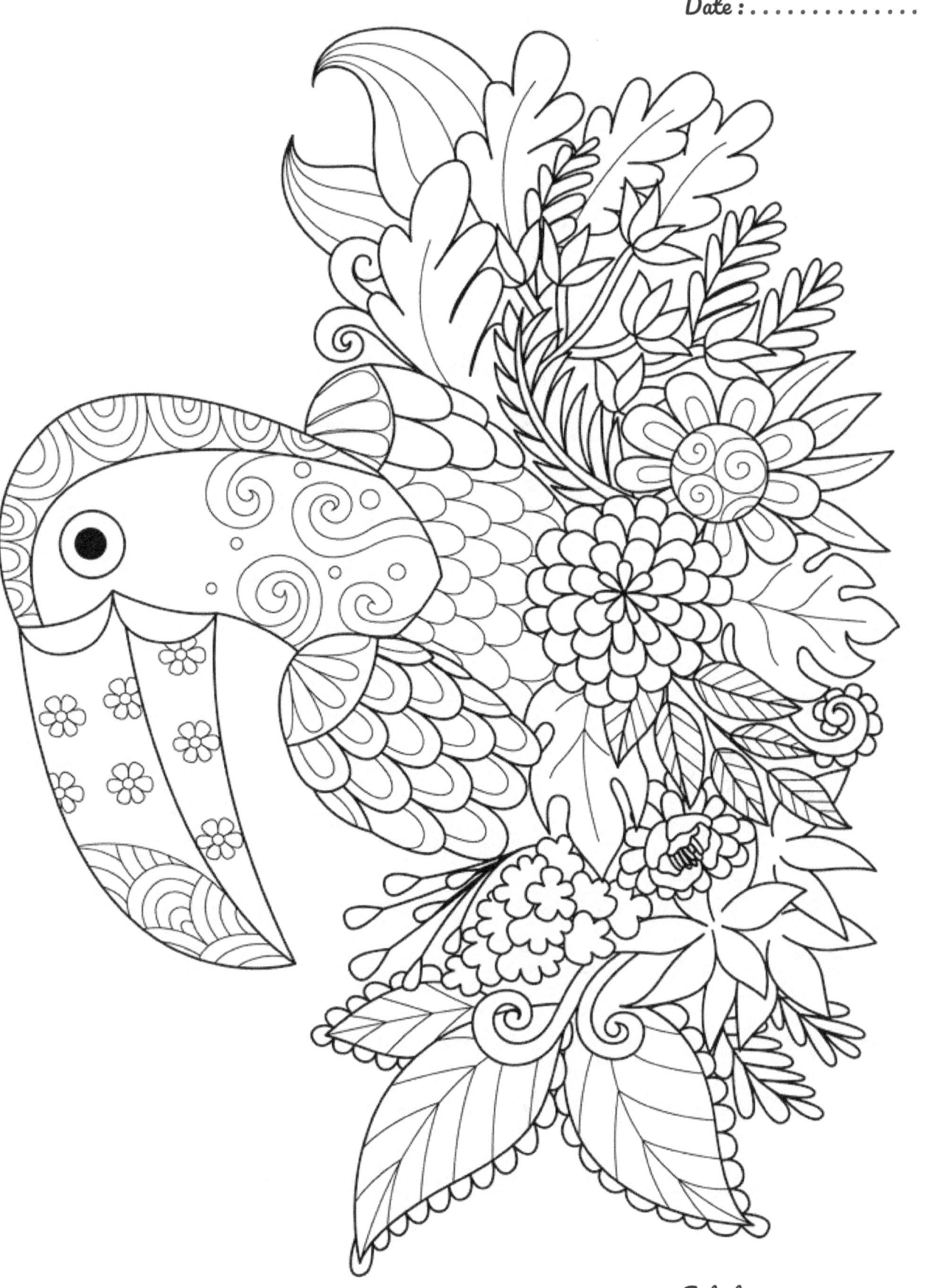

Artist : . . . .

Date : ....

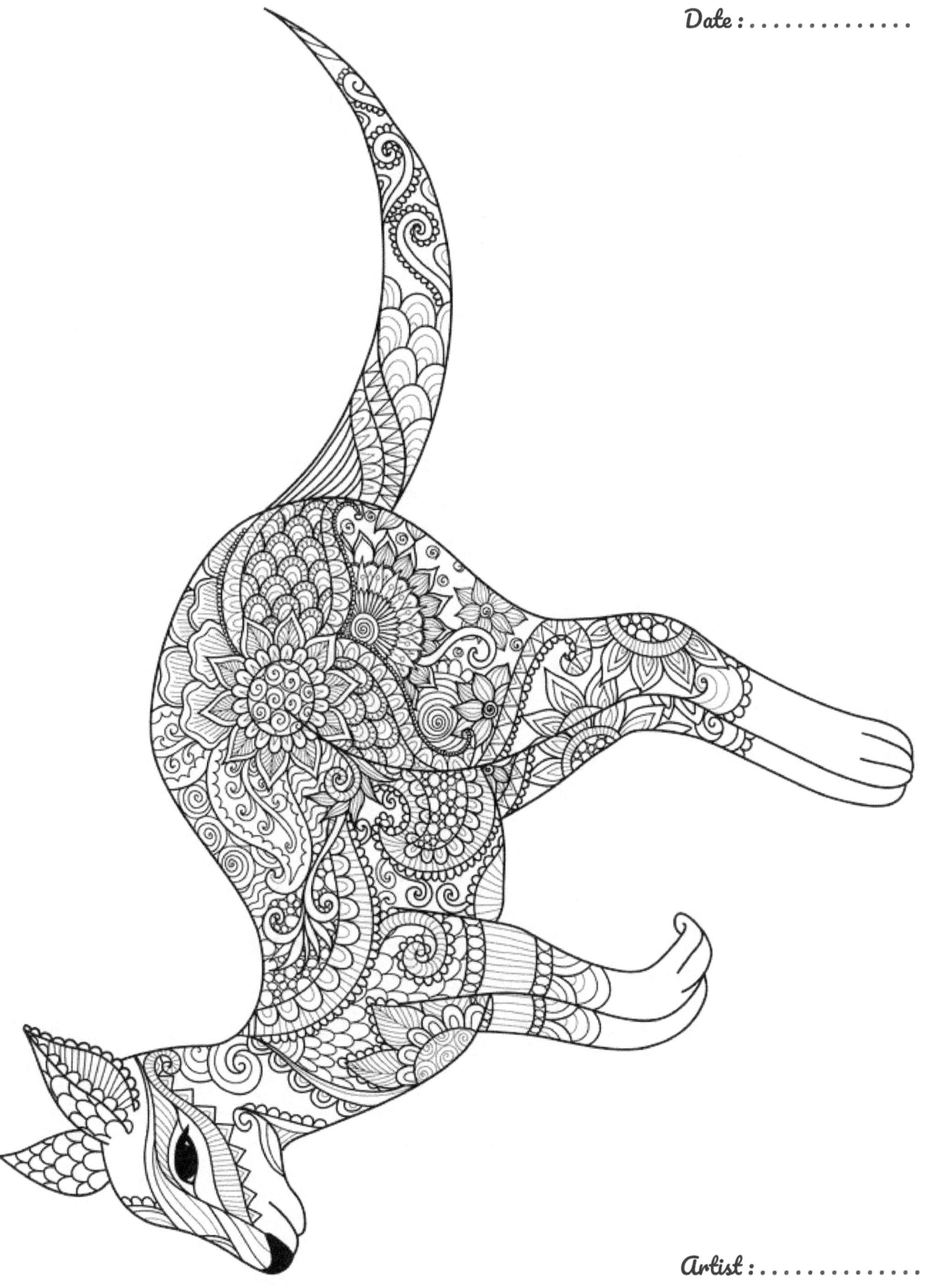

Artist : ....

Date : . . . .

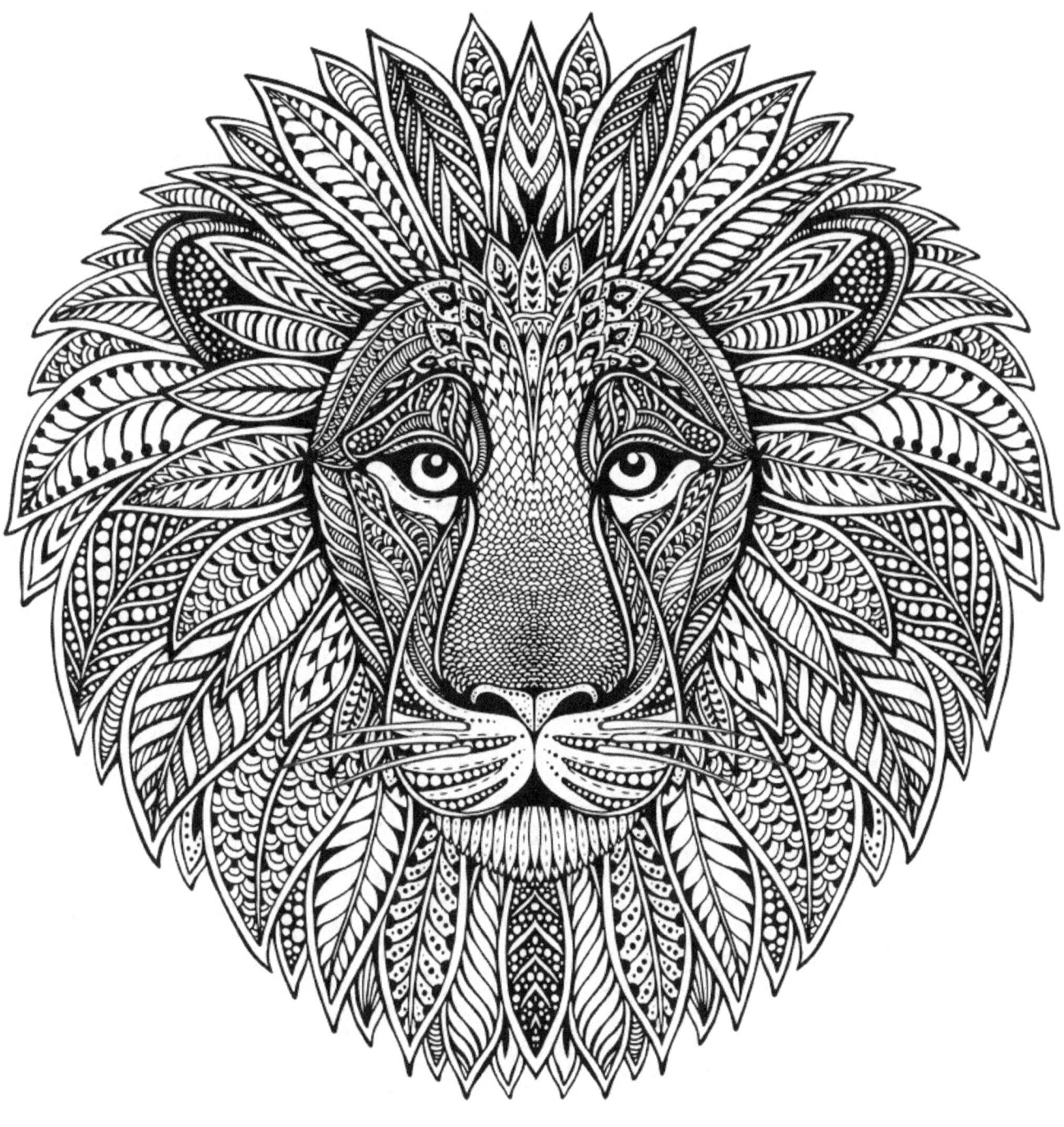

Artist : . . . .

Date : . . . .

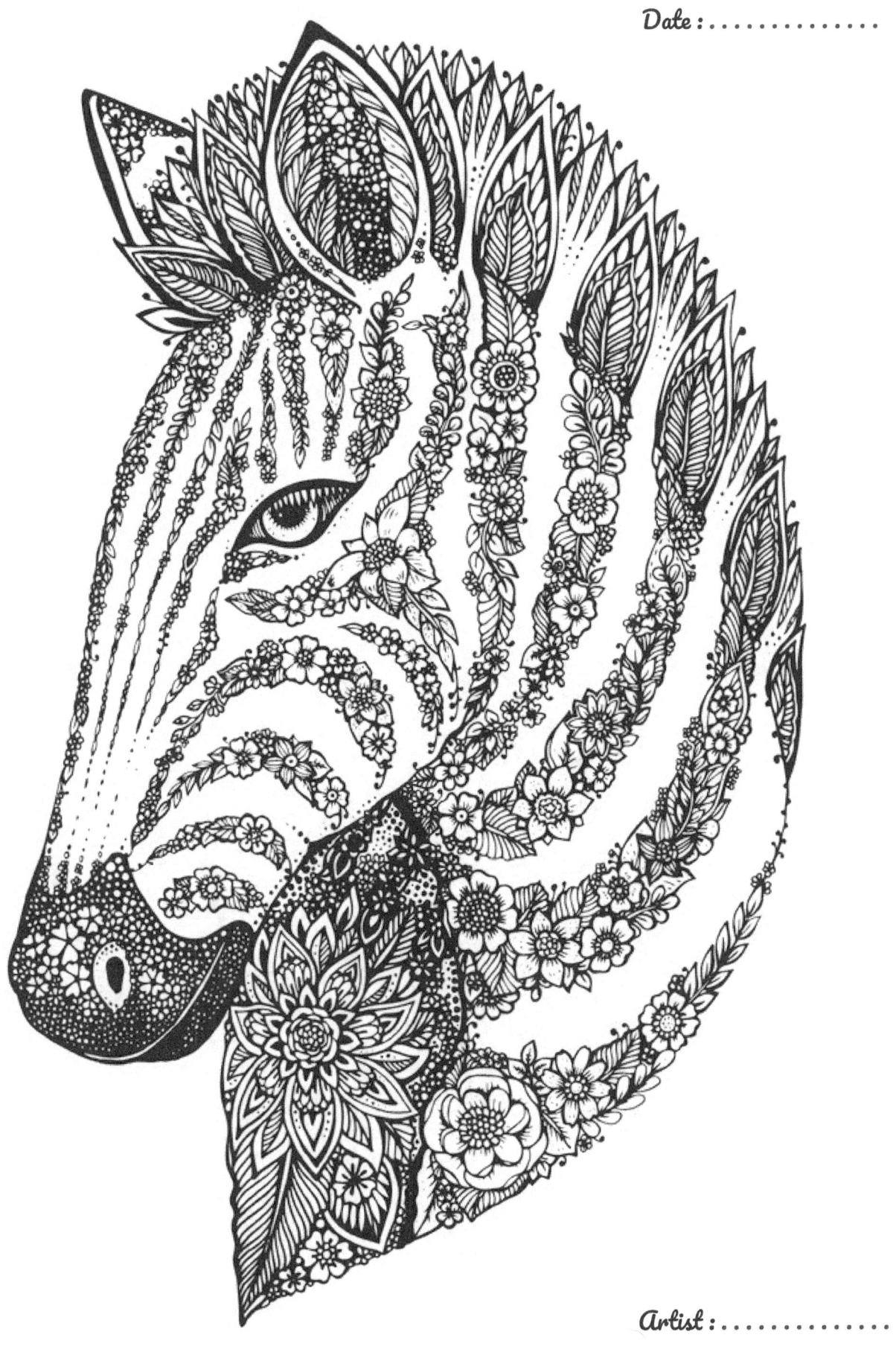

Artist : . . . .

Date : . . . .

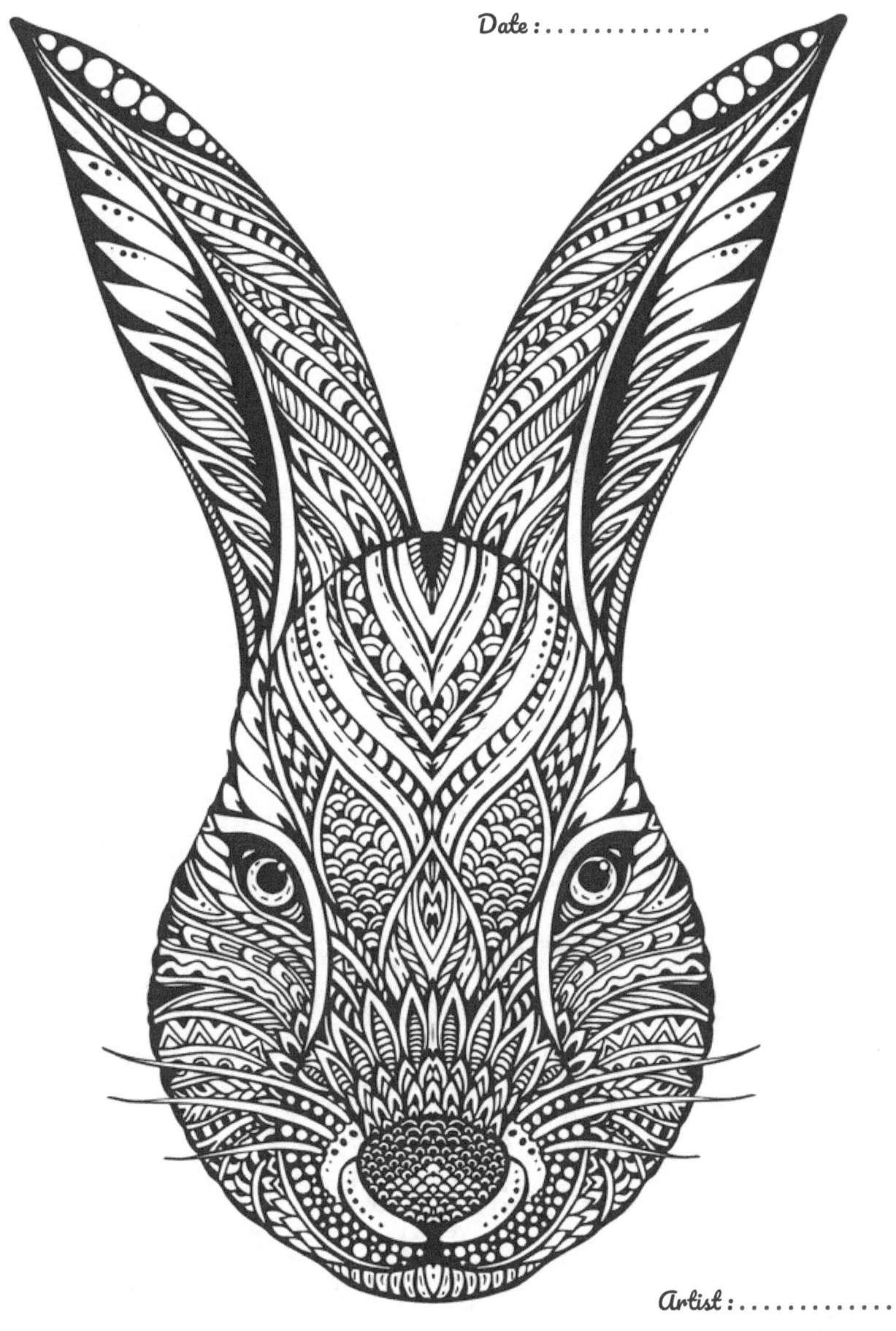

Artist : . . . .

Date : . . . .

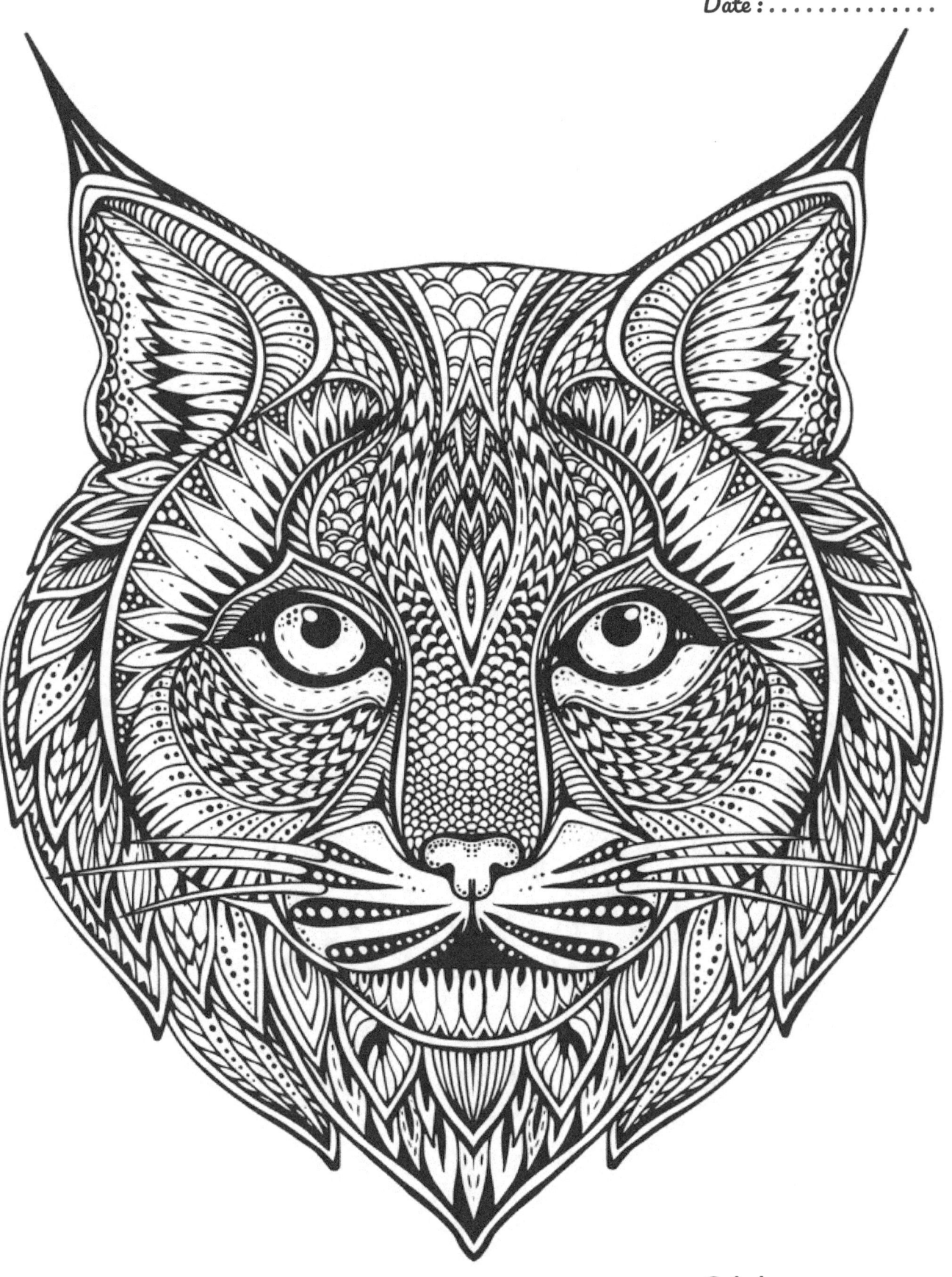

Artist : . . . .

Date : . . . .

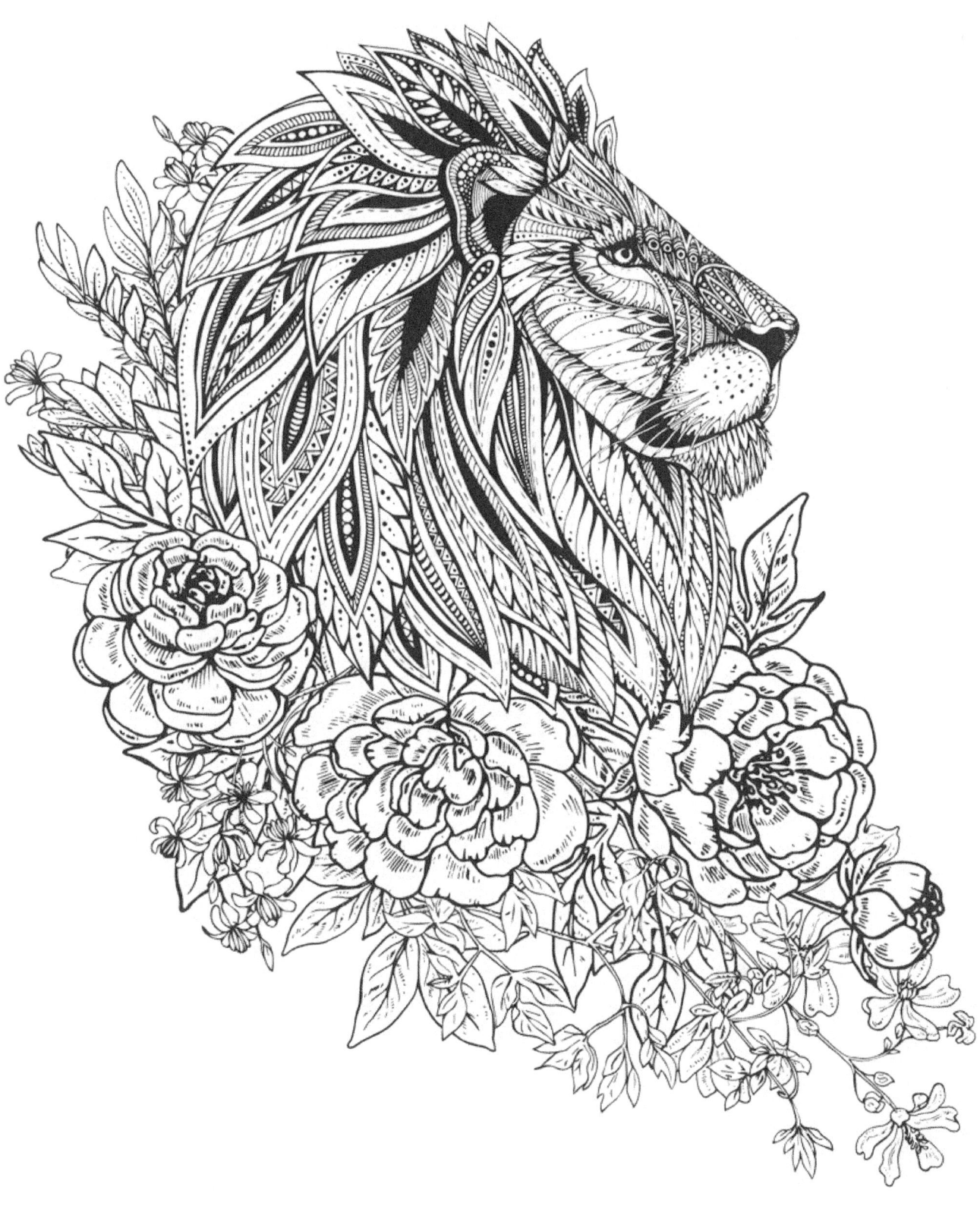

Artist : . . . .

Date : . . . .

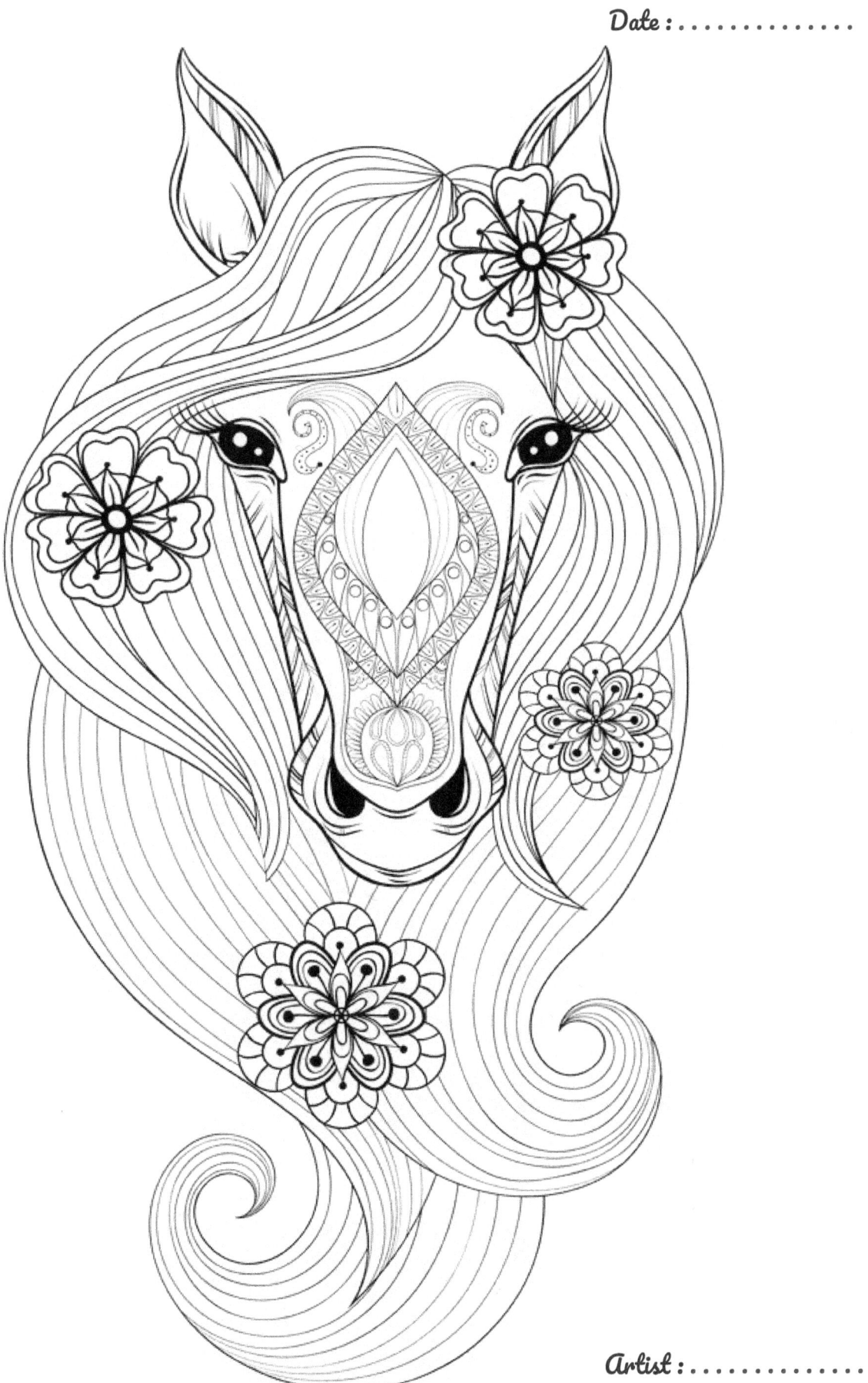

Artist : . . . .

Date : . . . .

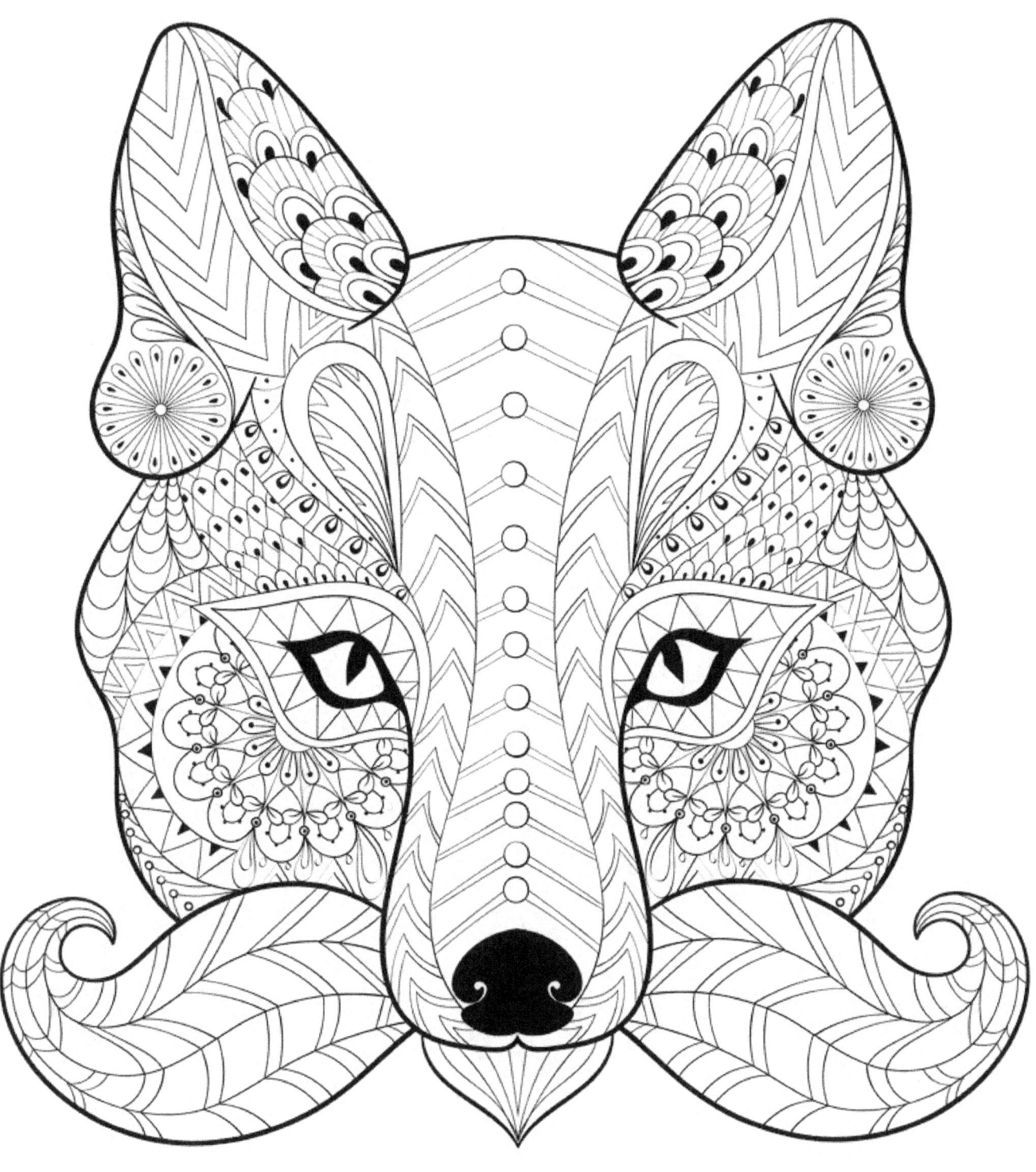

Artist : . . . .

Date : . . . .

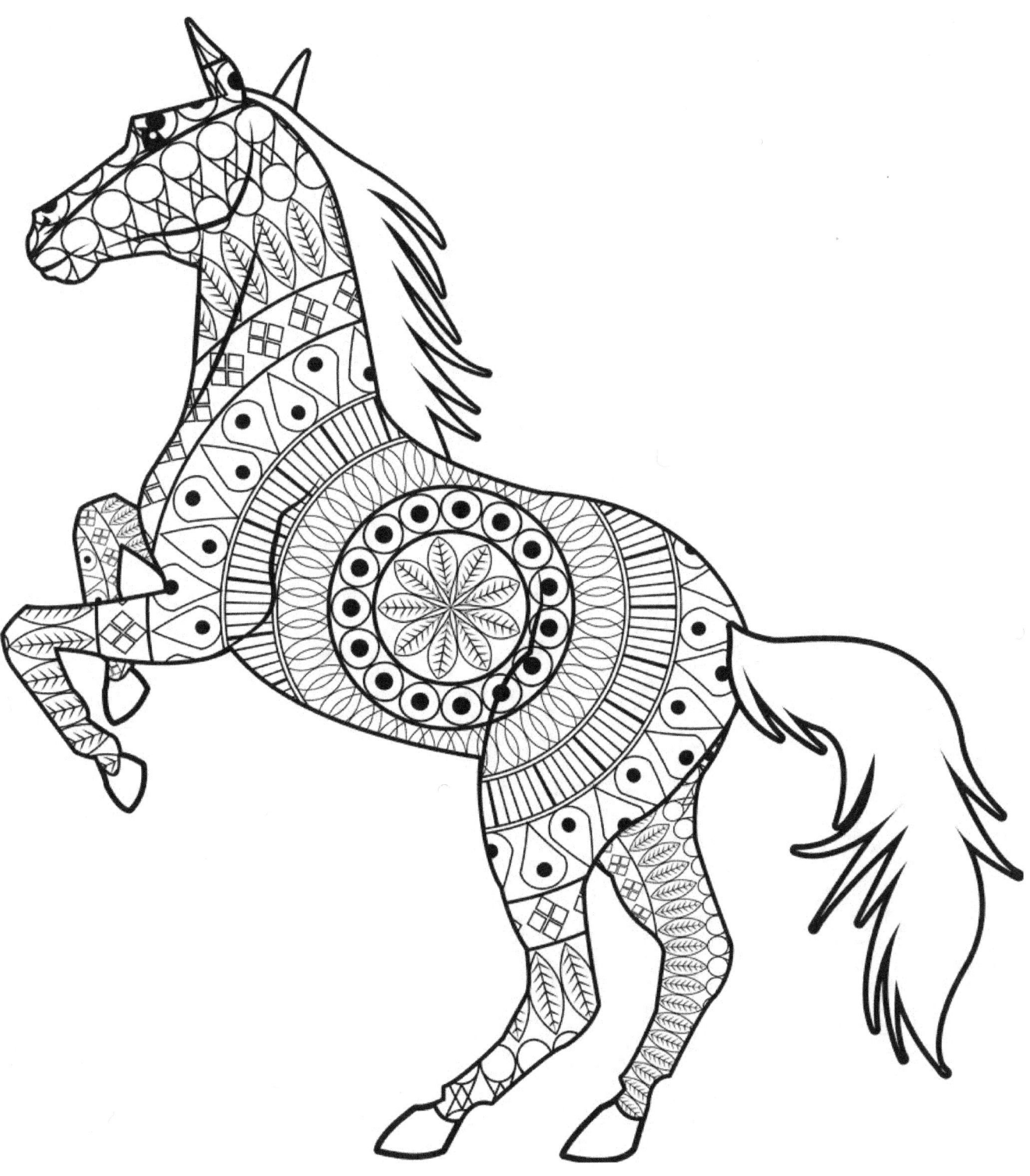

Artist : . . . .

Date : . . . .

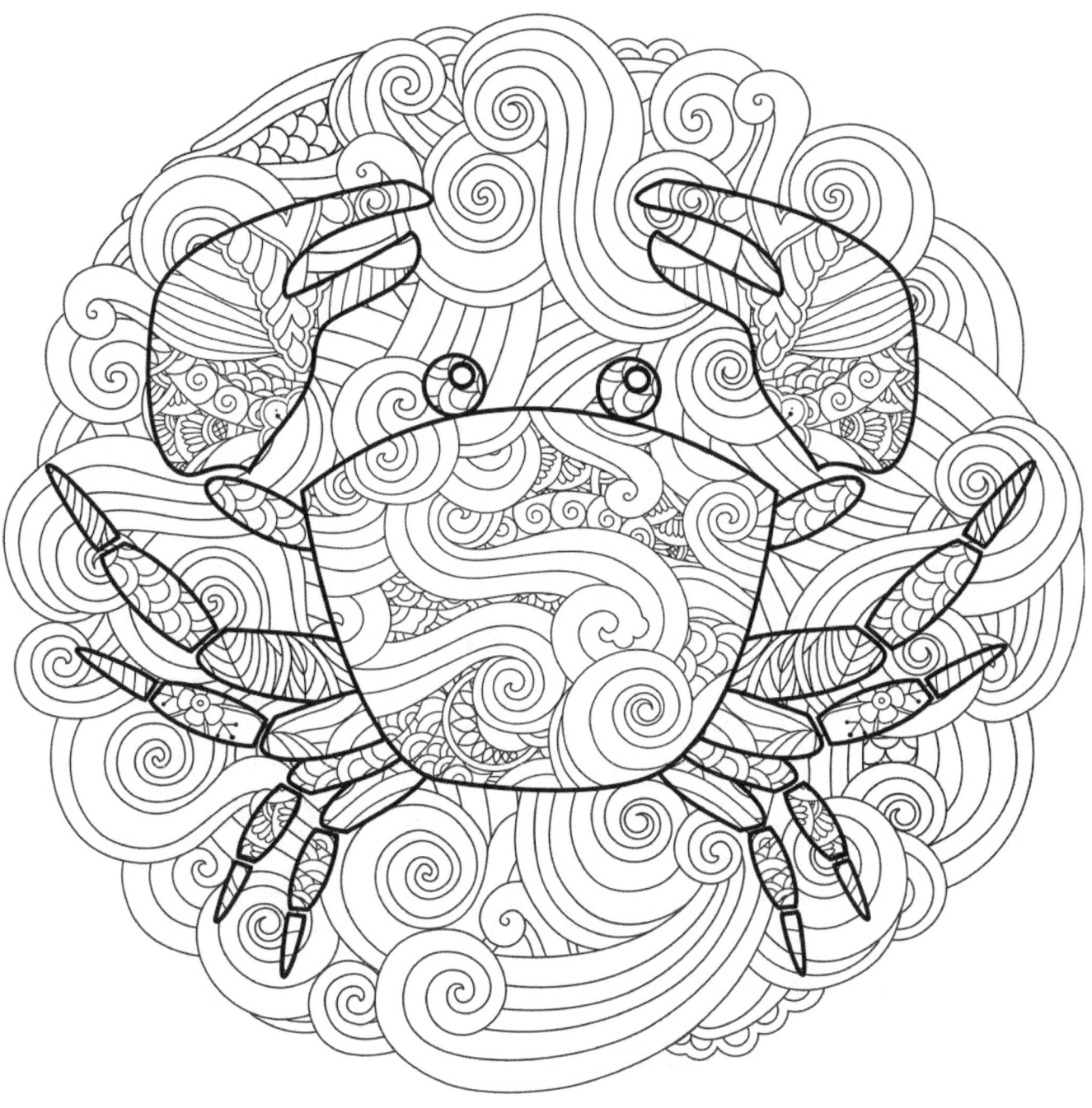

Artist : . . . .

Date : . . . .

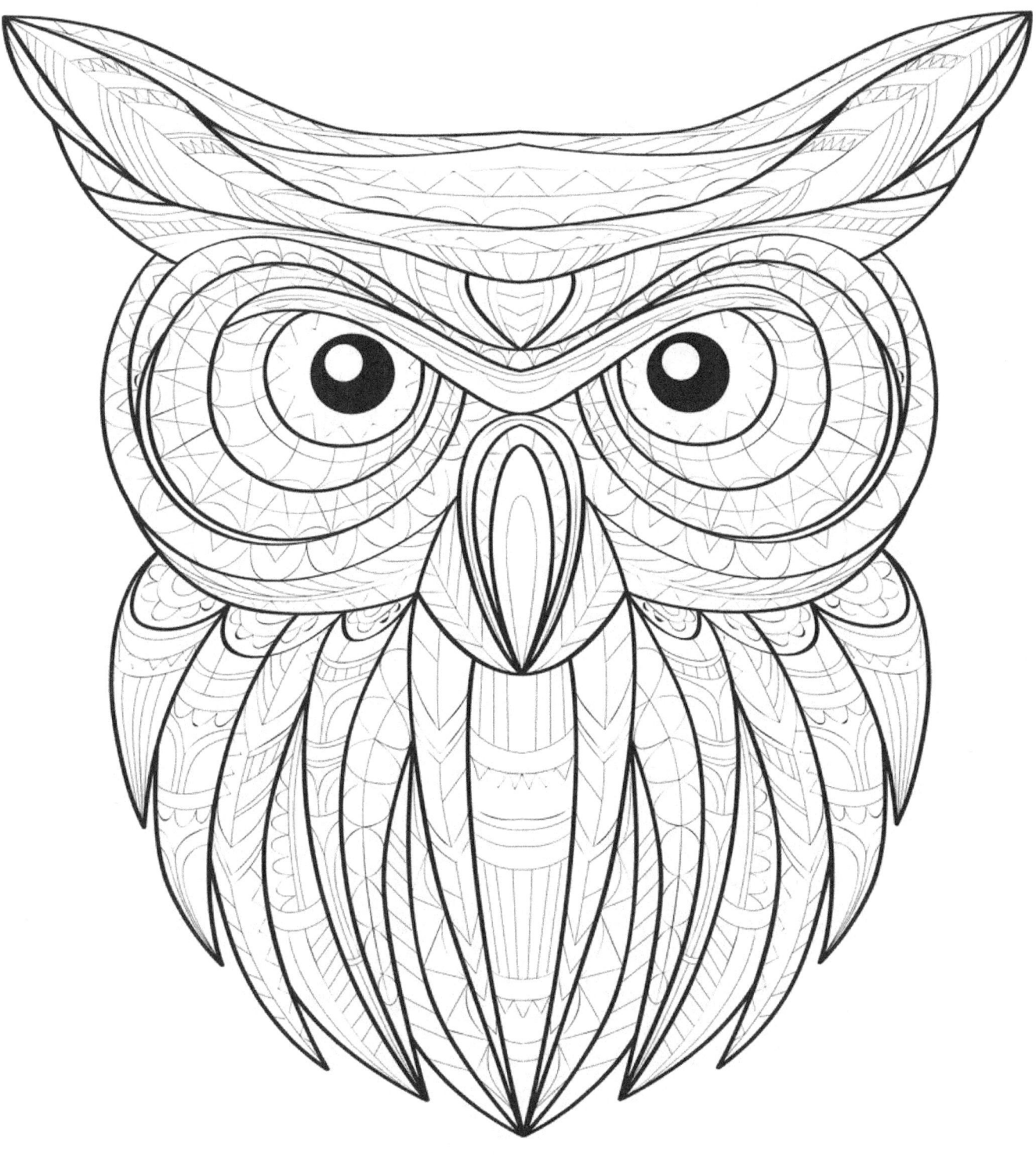

Artist : . . . .

Date : . . . .

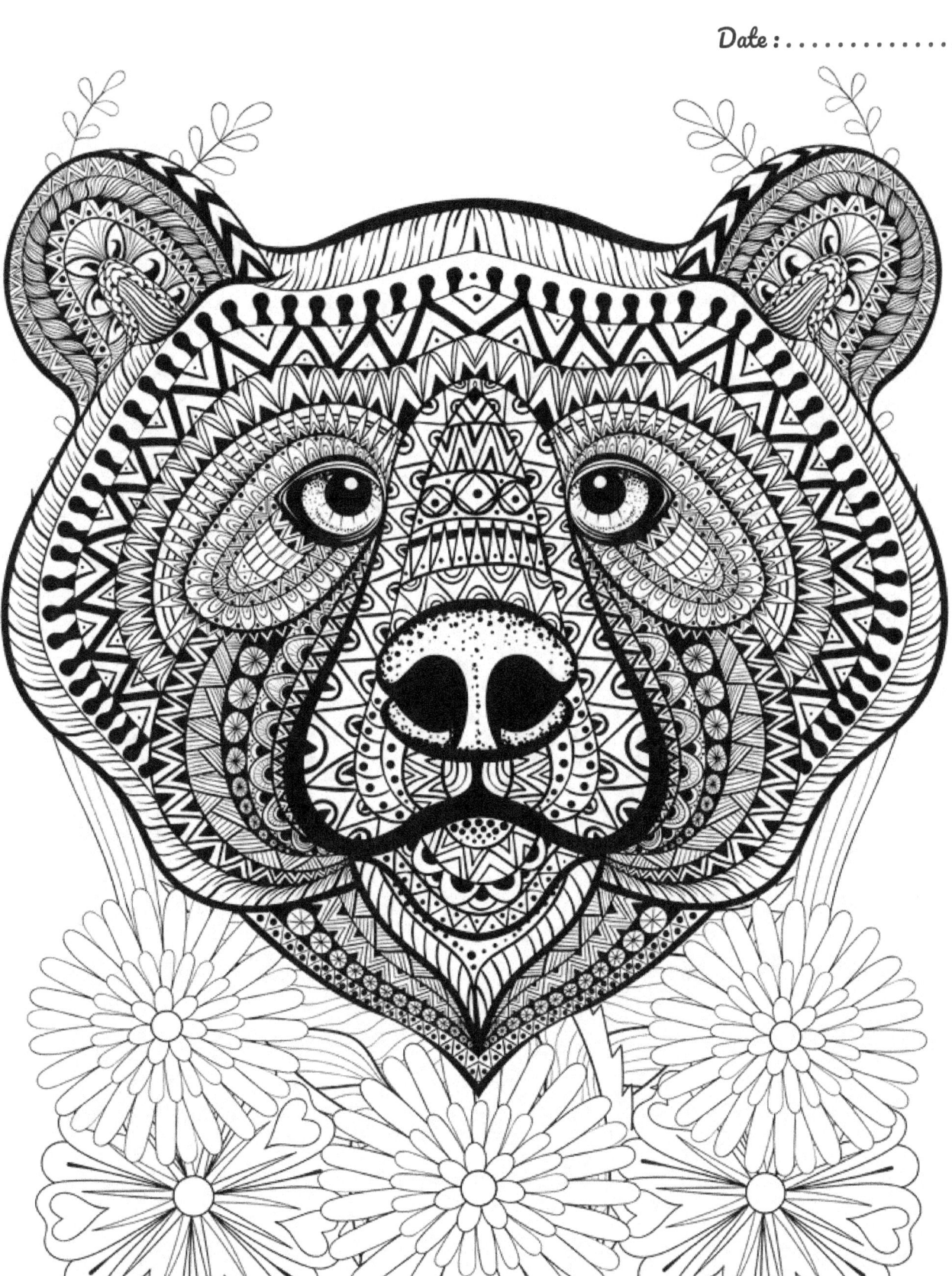

Artist : . . . .

Date : . . . .

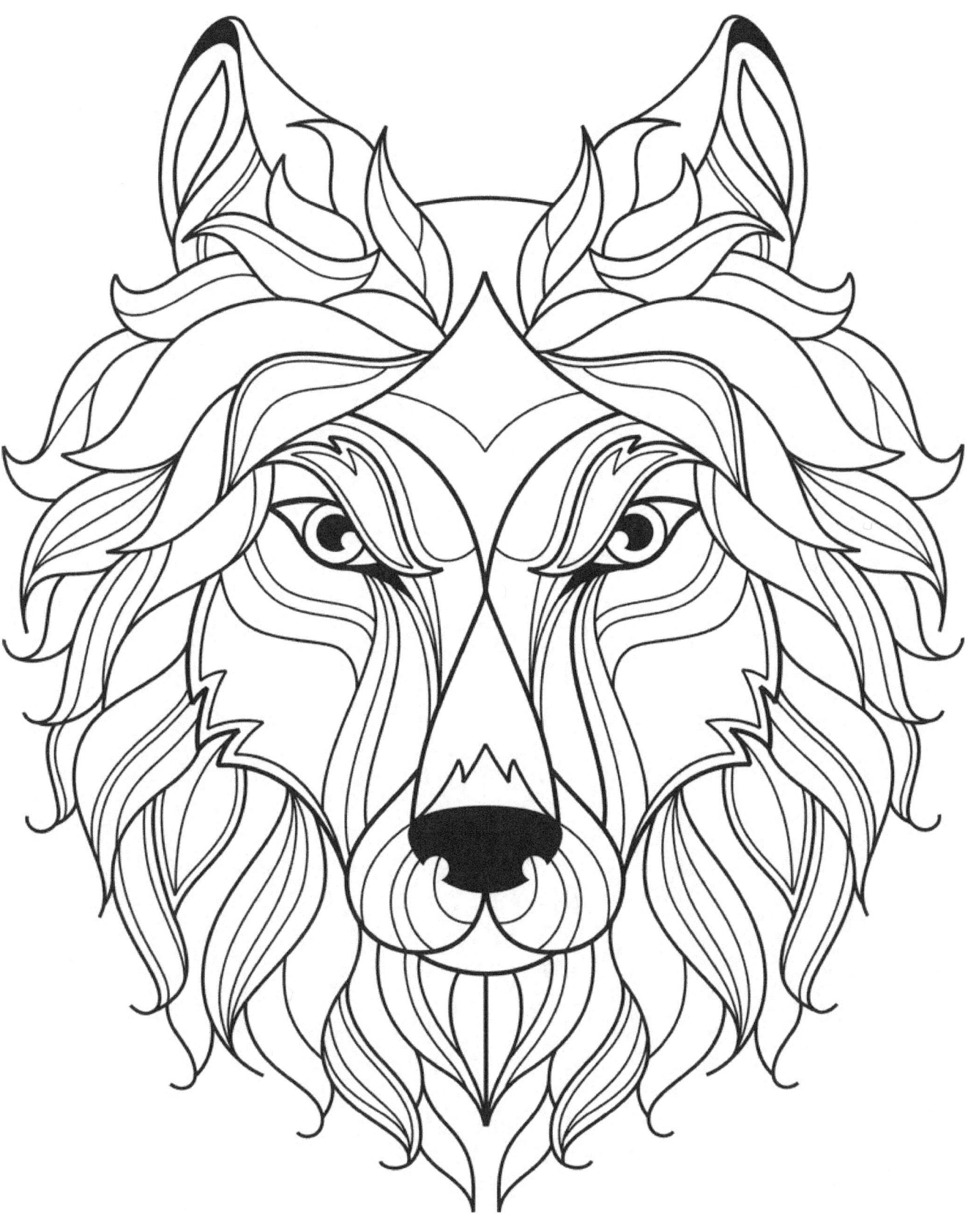

Artist : . . . .

Date : . . . .

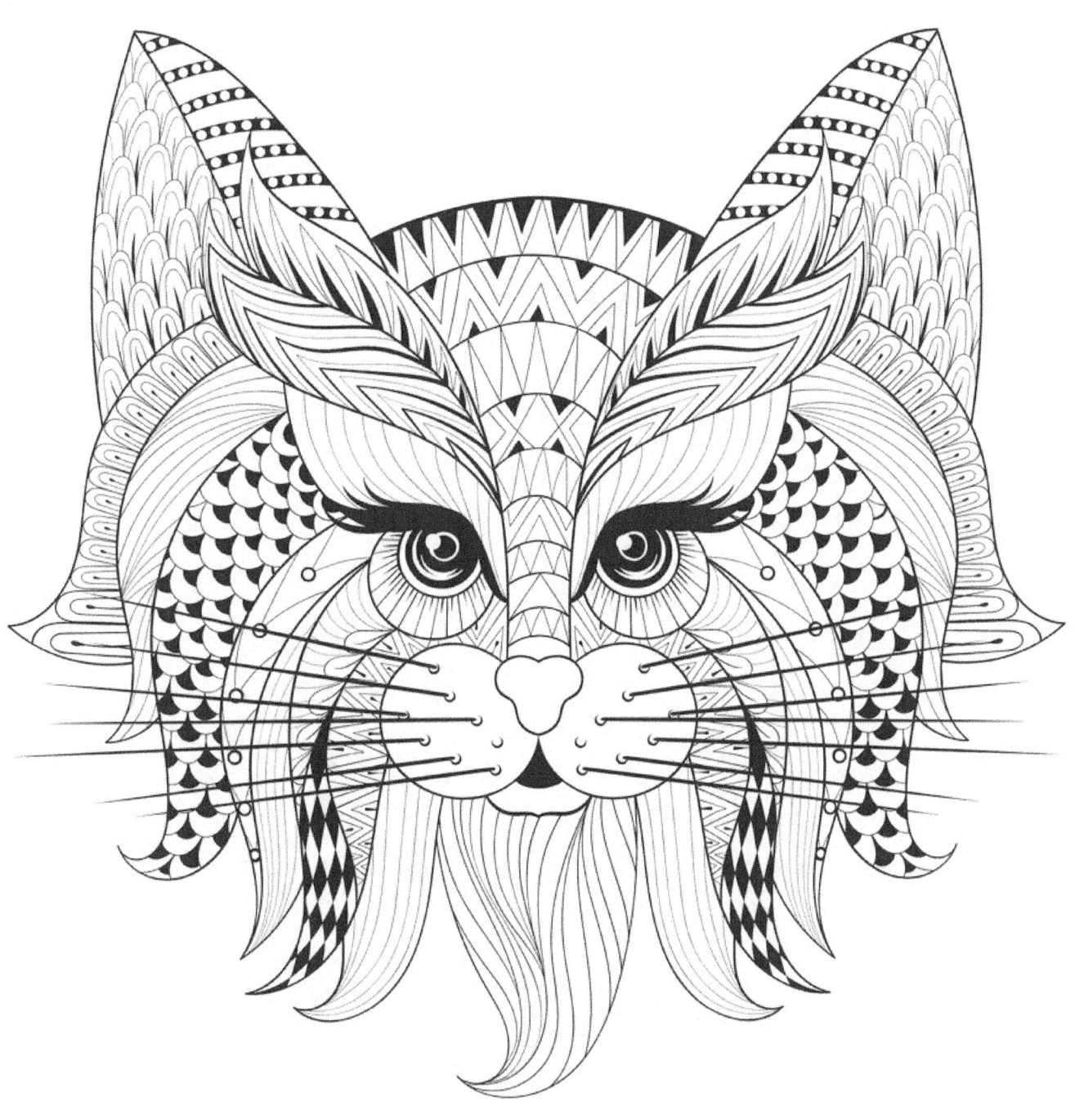

Artist : . . . .

Date : . . . .

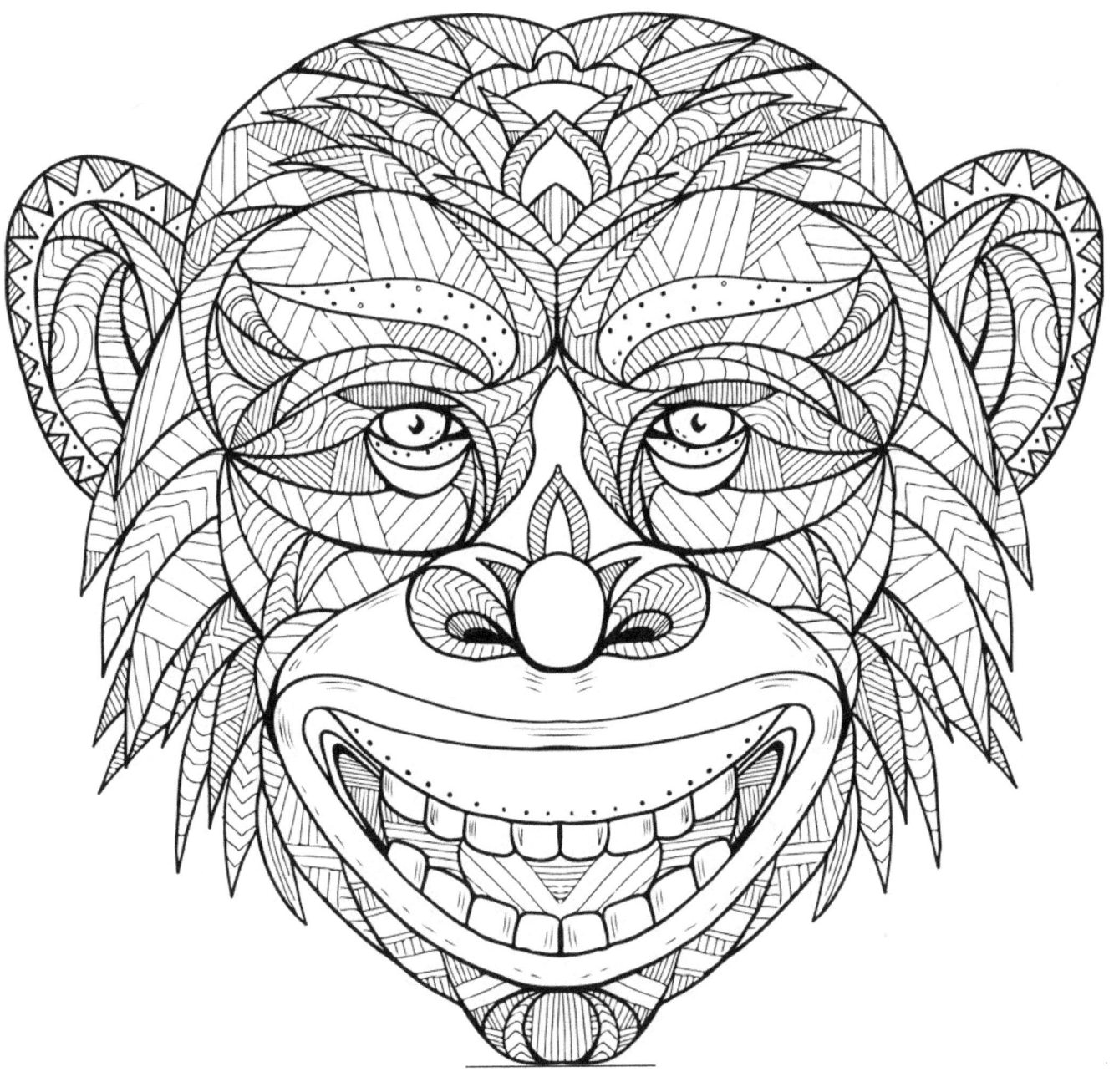

Artist : . . . .

Date : . . . .

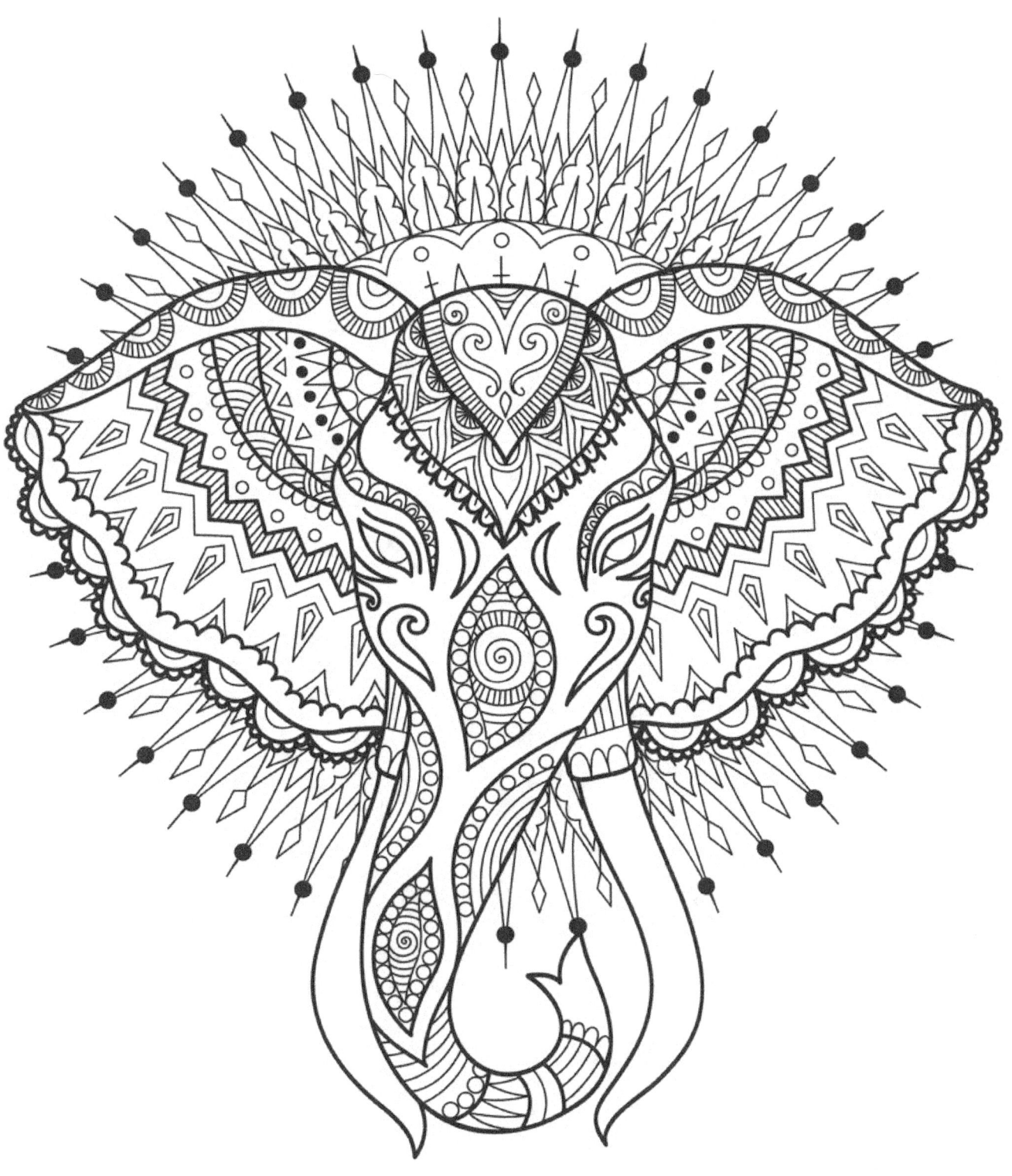

Artist : . . . .

Date : . . . .

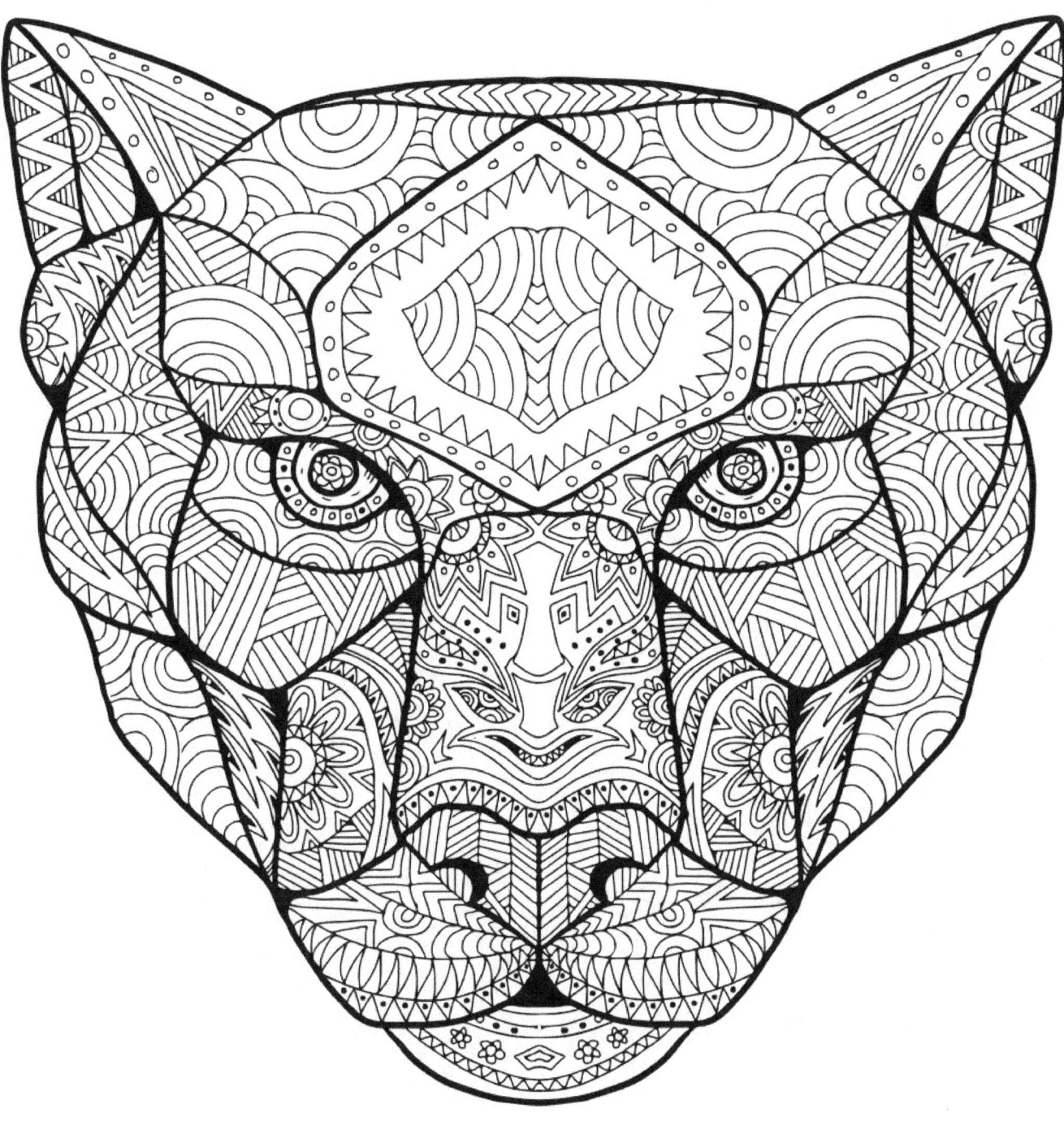

Artist : . . . .

Date : . . . .

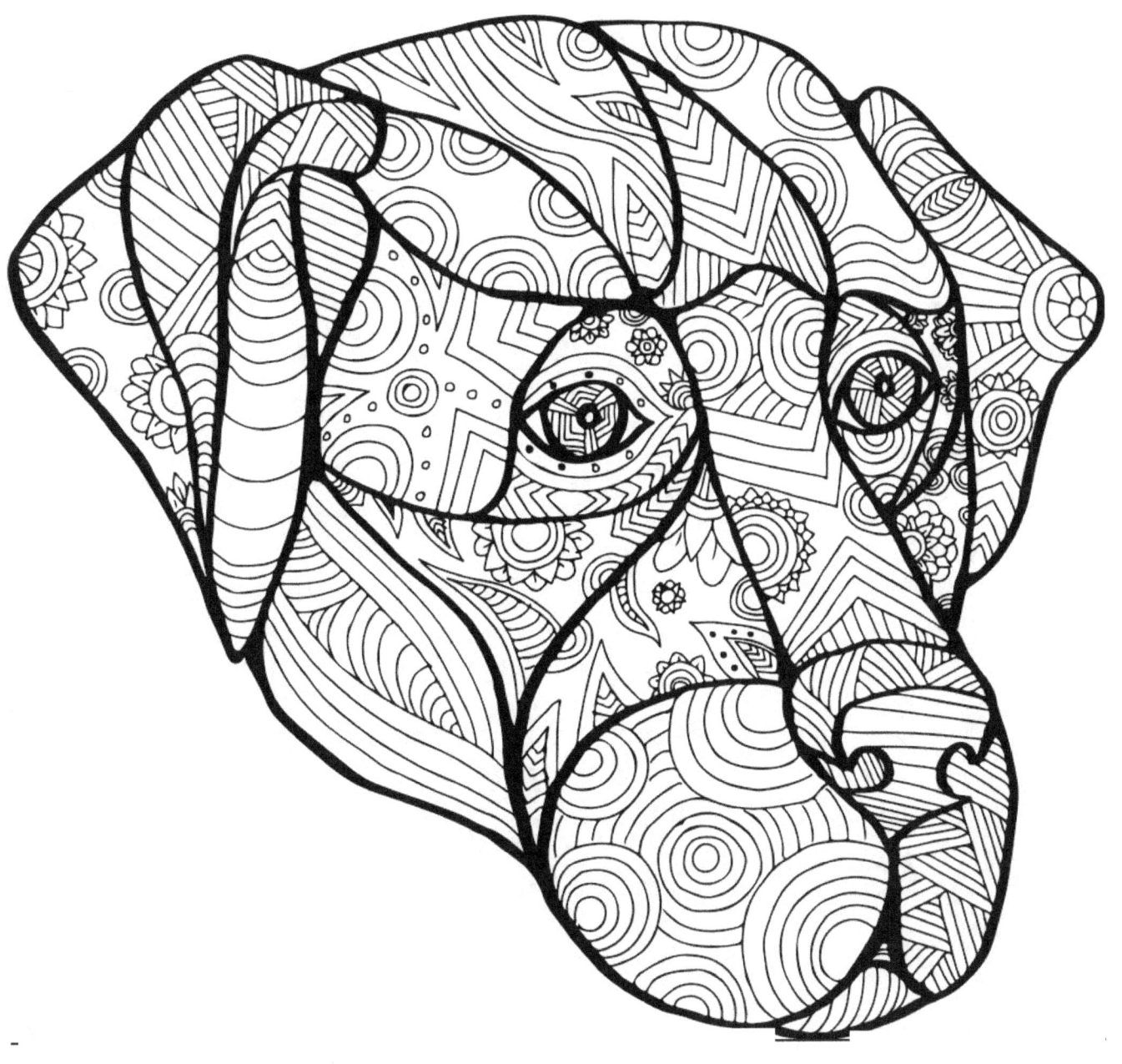

Artist : . . . .

Date : . . . .

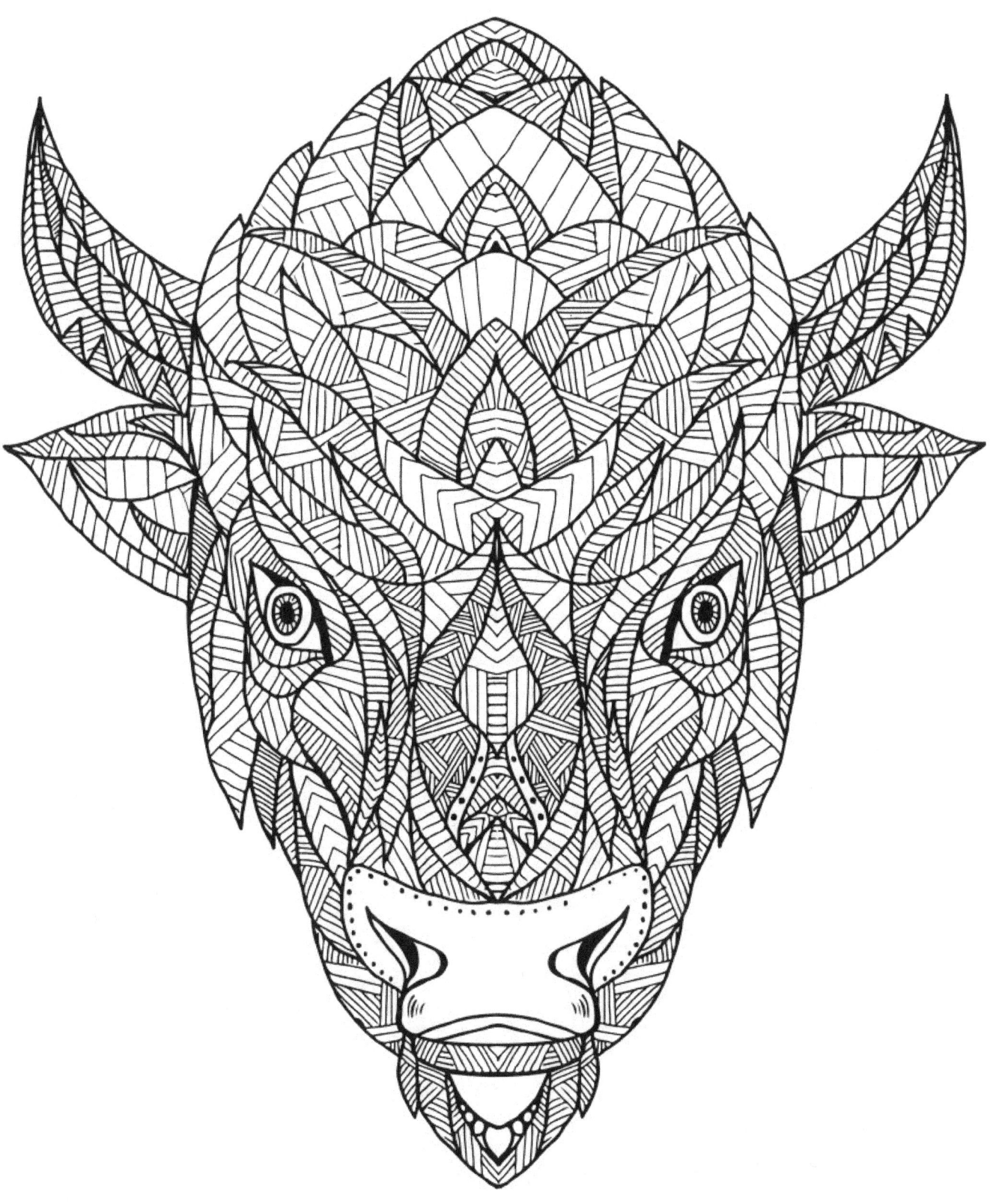

Artist : . . . .

Date : . . . .

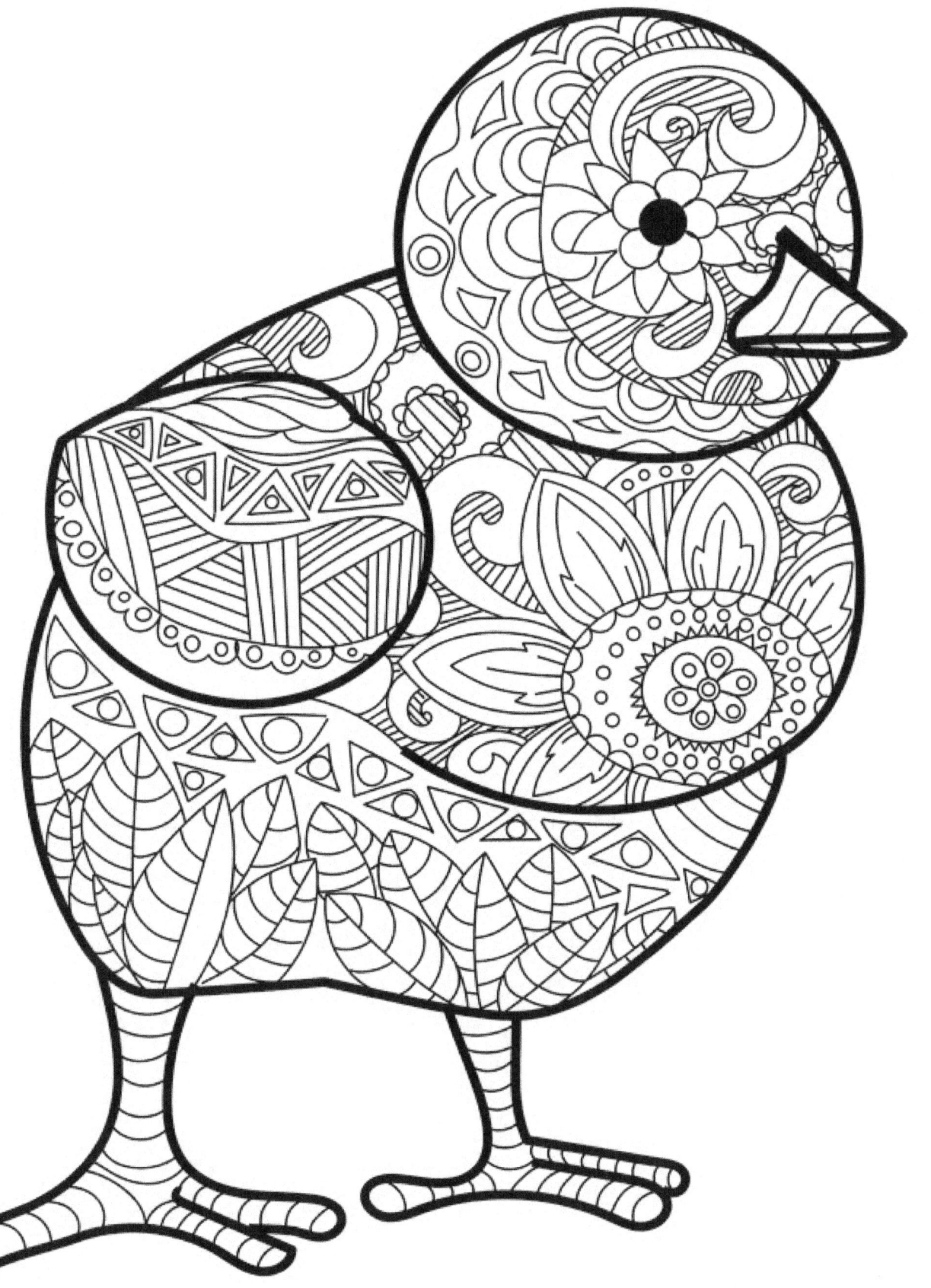

Artist : . . . .

Date : . . . .

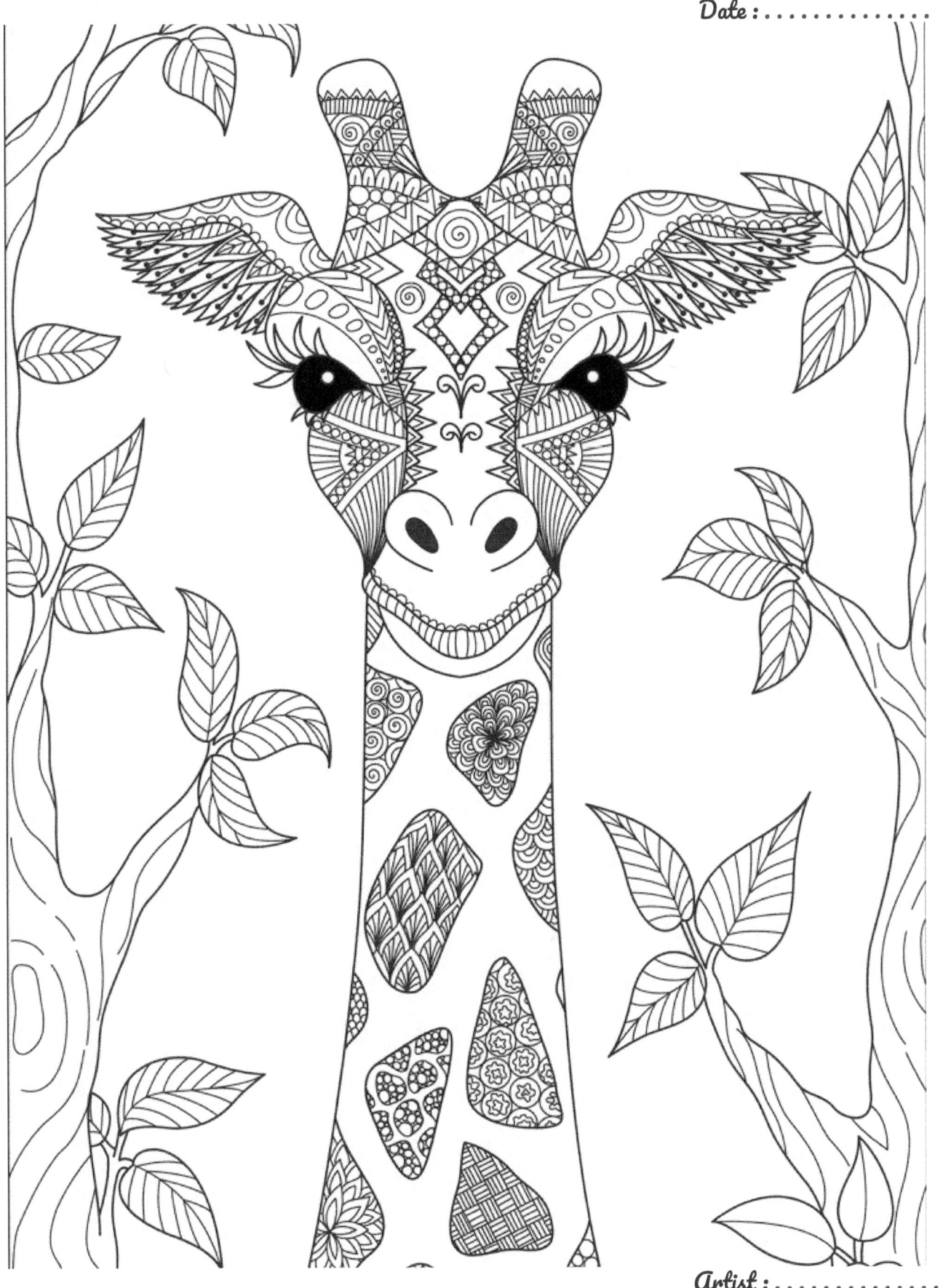

Artist : . . . .

Date : . . . .

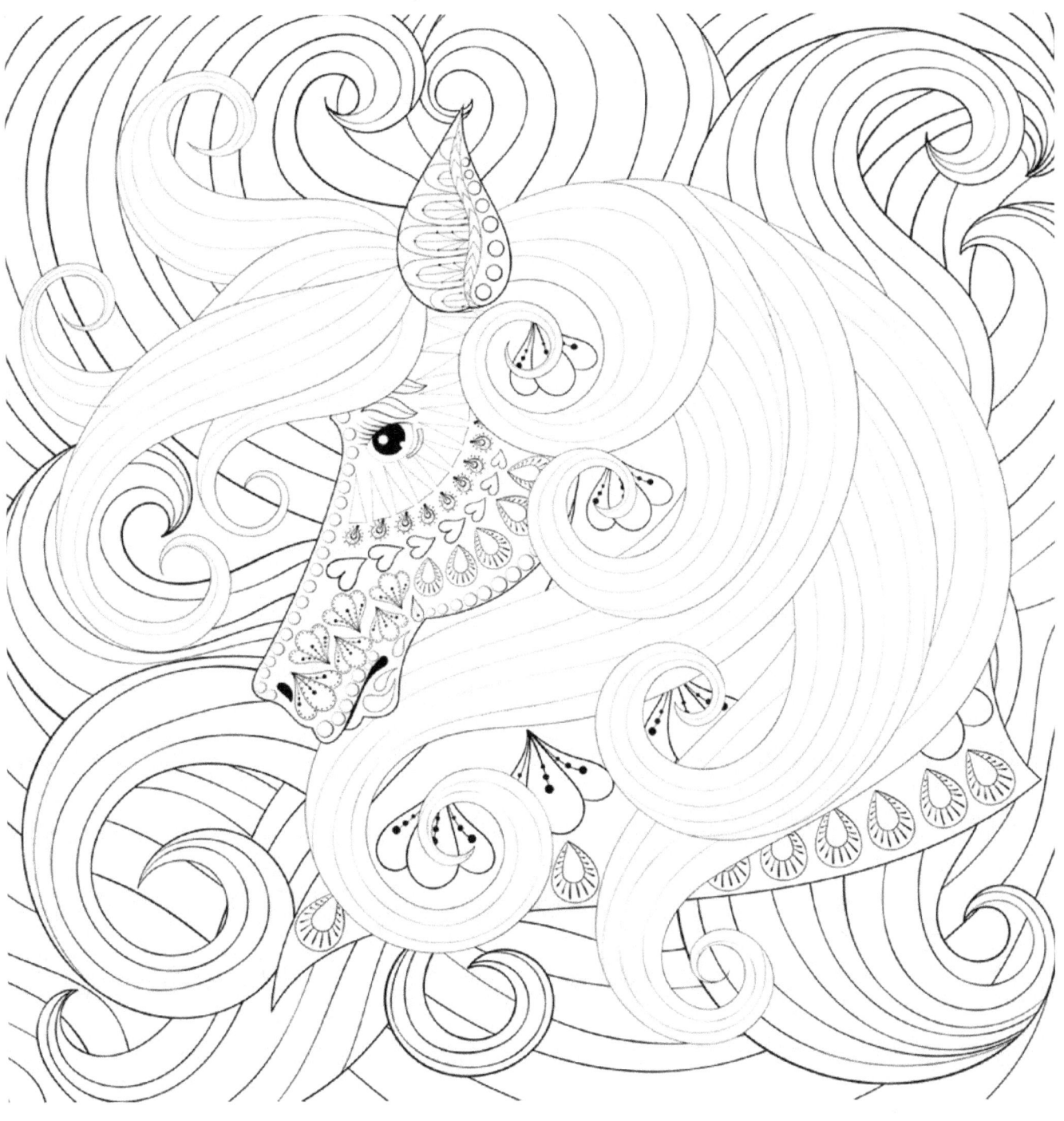

Artist : . . . .

Date : . . . .

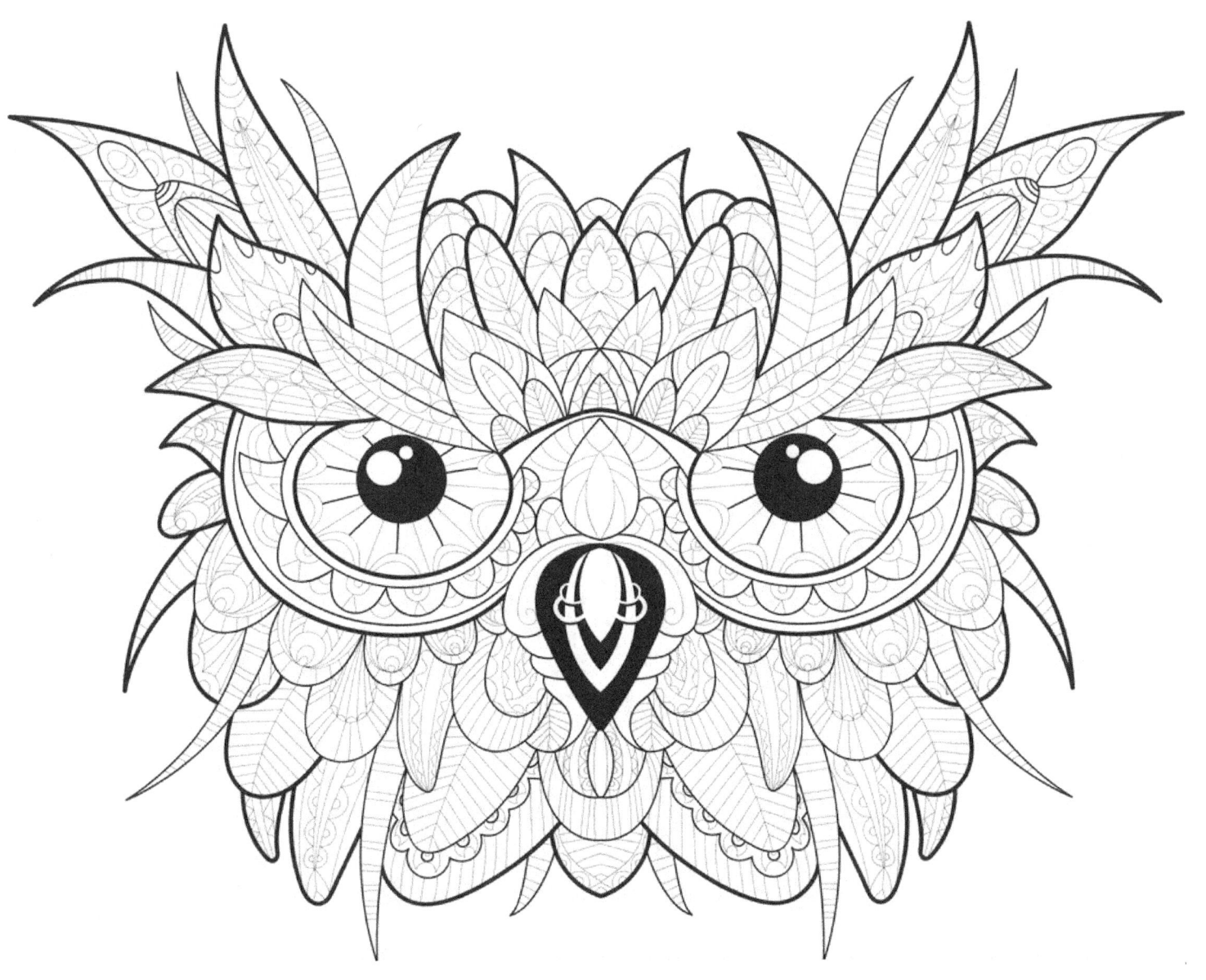

Artist : . . . .

Date : . . . .

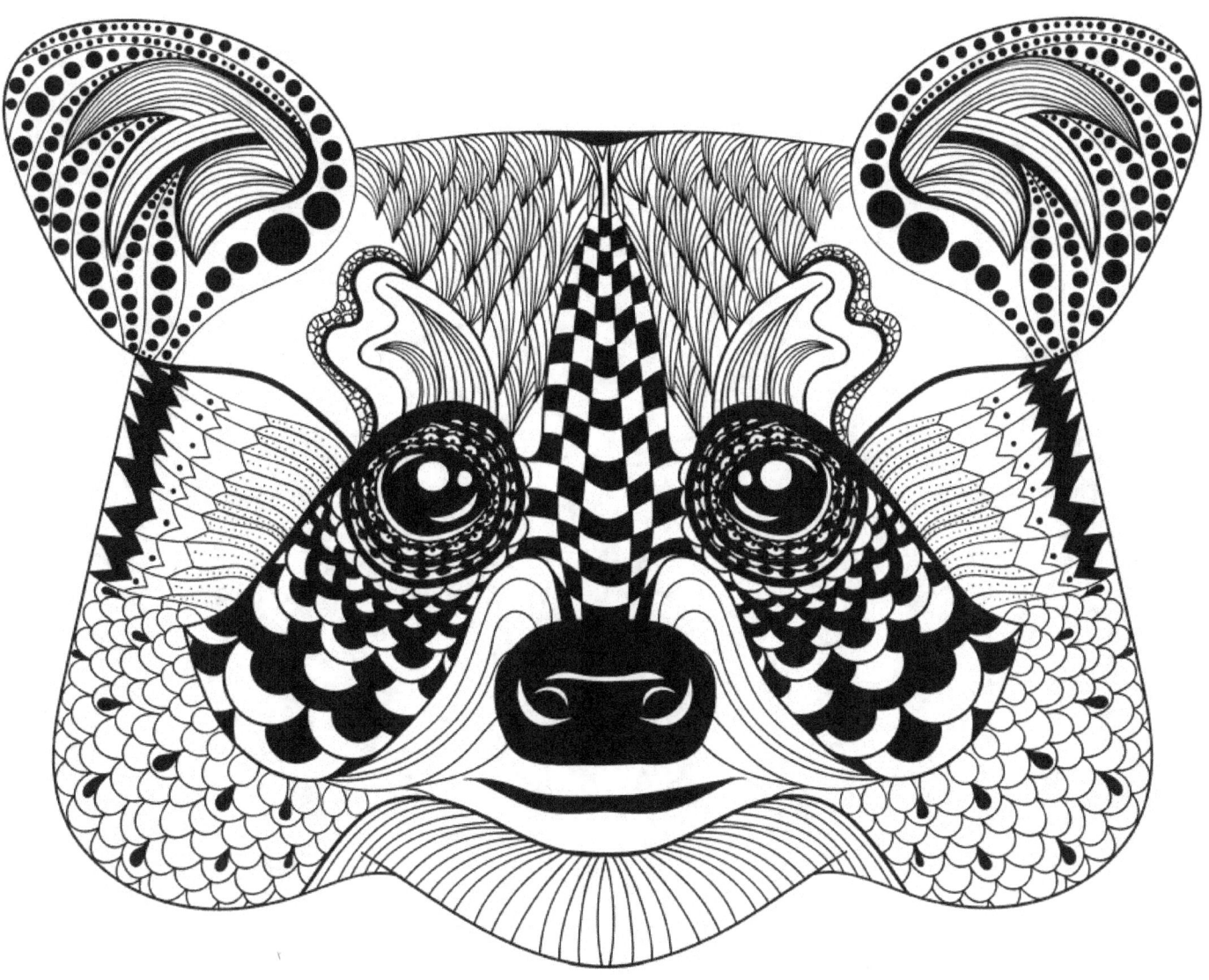

Artist : . . . .

Date : . . . .

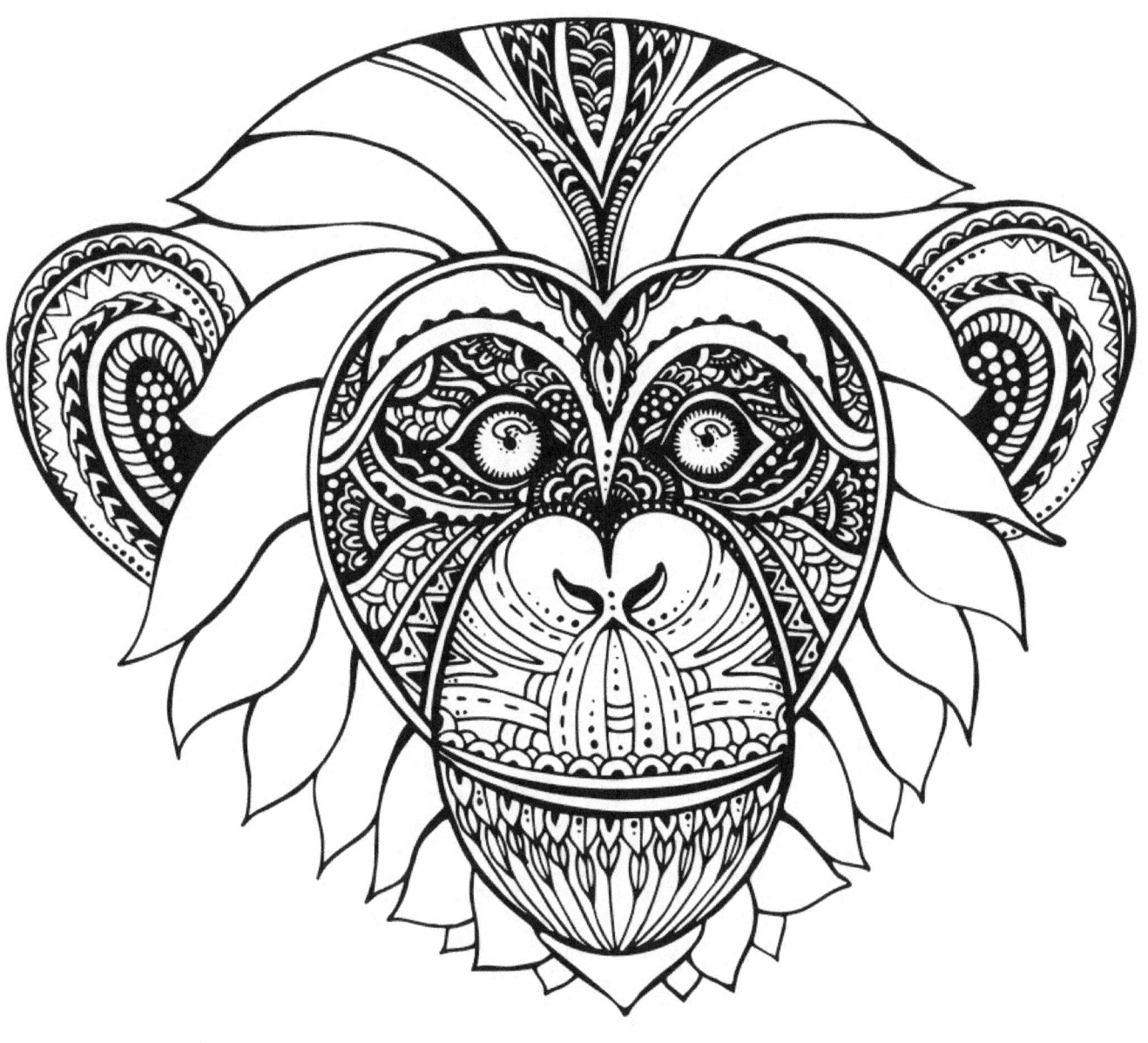

Artist : . . . .

Date : . . . .

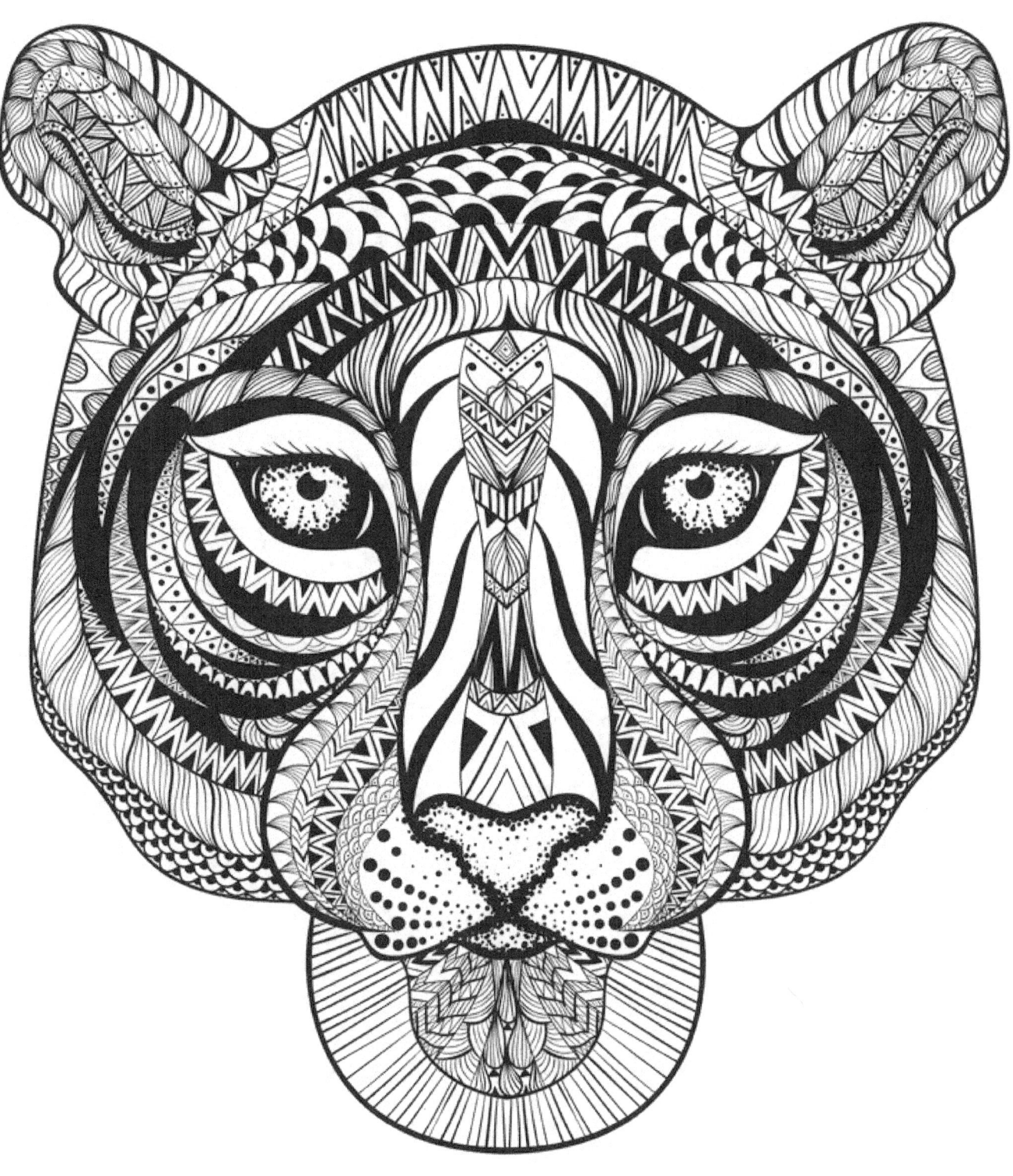

Artist : . . . .

Date : ....

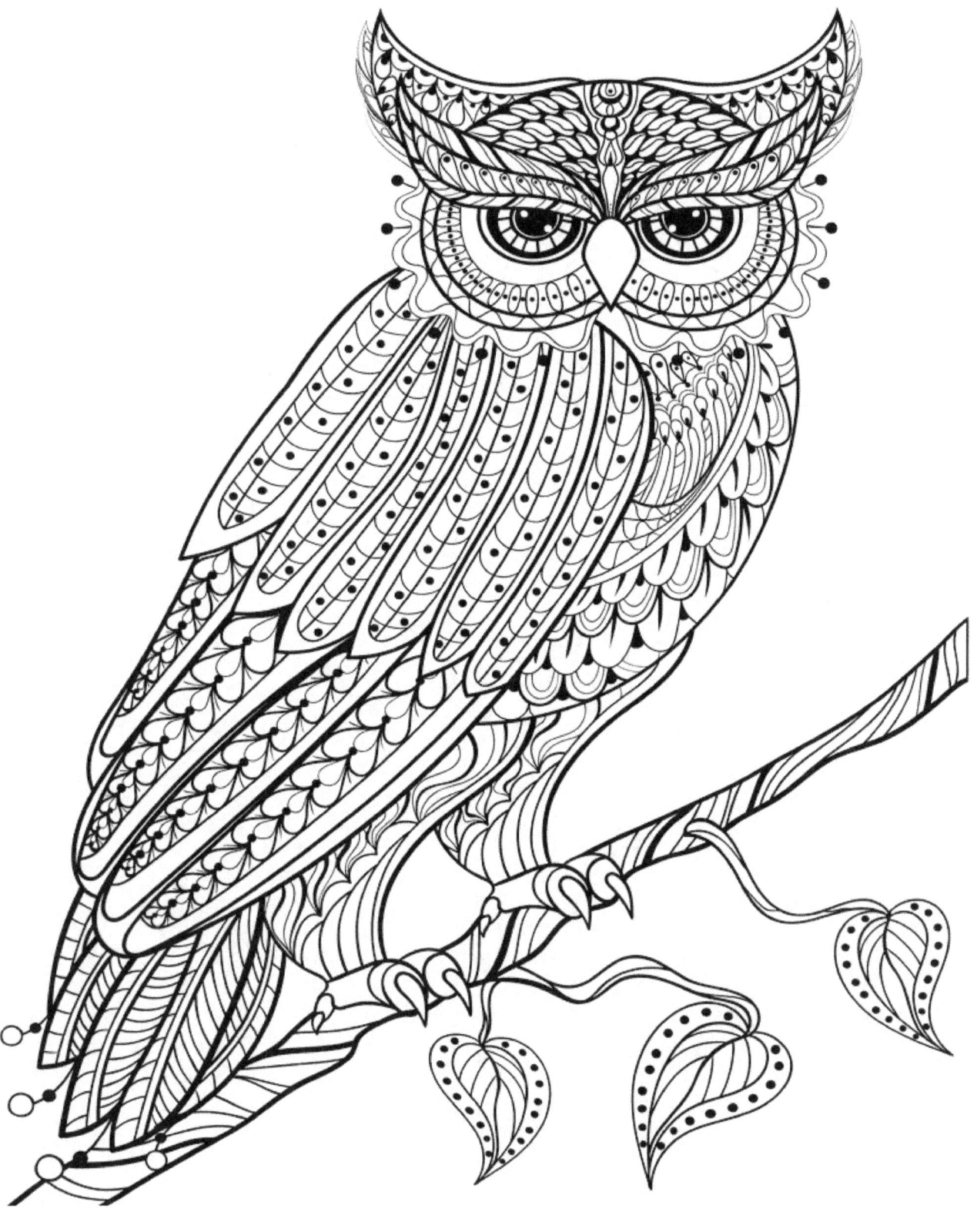

Artist : ....

Date : . . . .

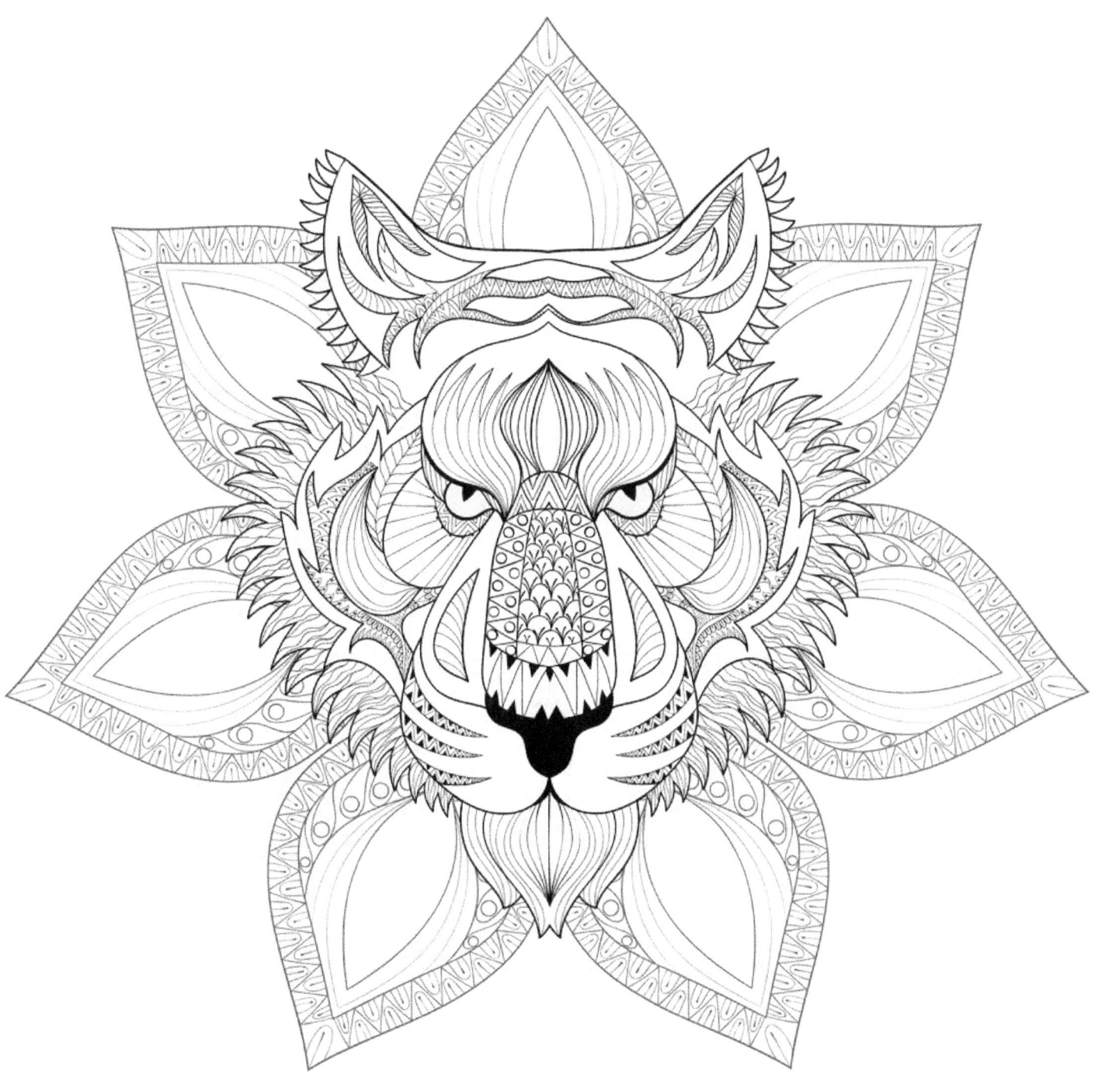

Artist : . . . .

Date : . . . .

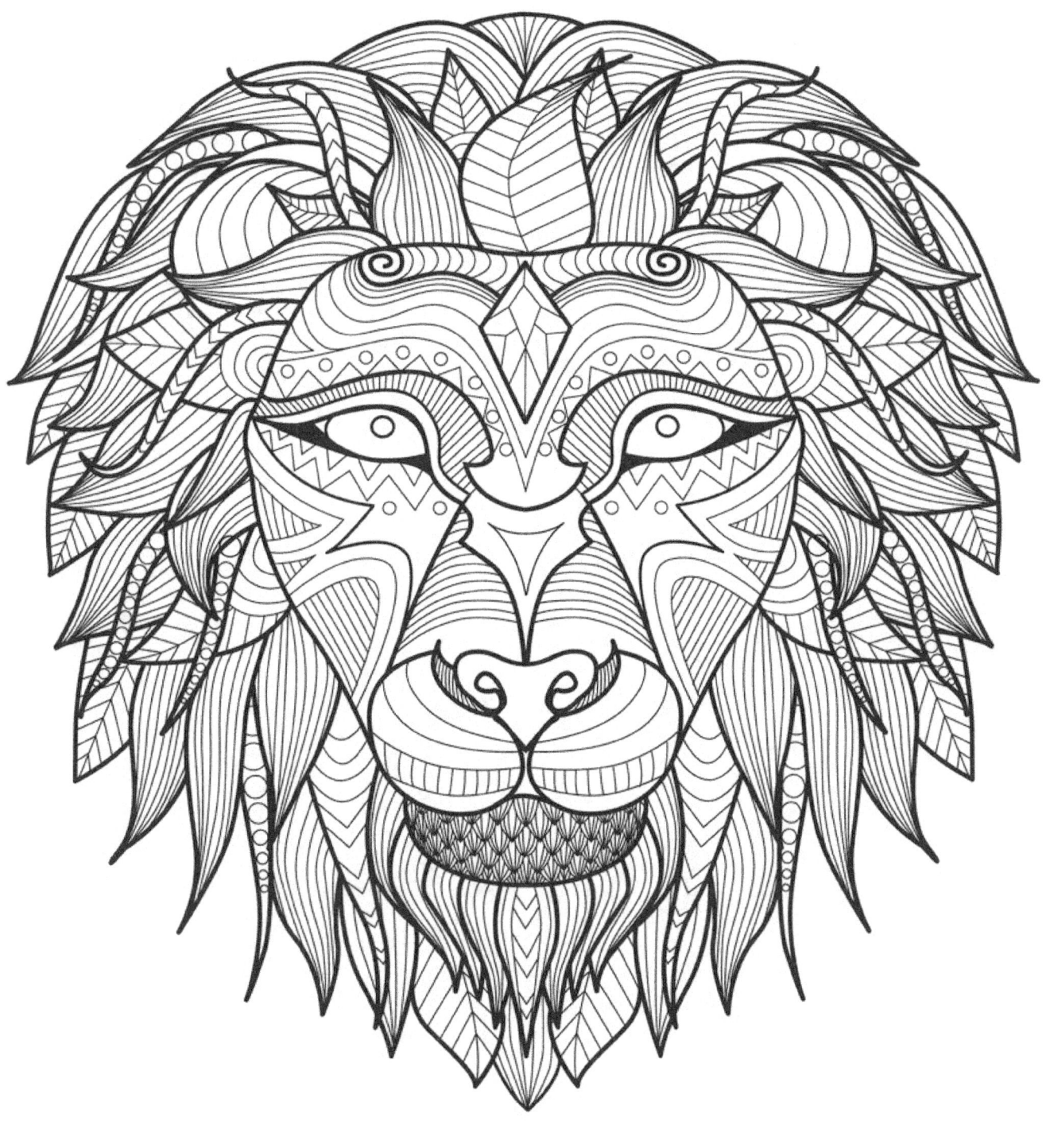

Artist : . . . .

Date : . . . .

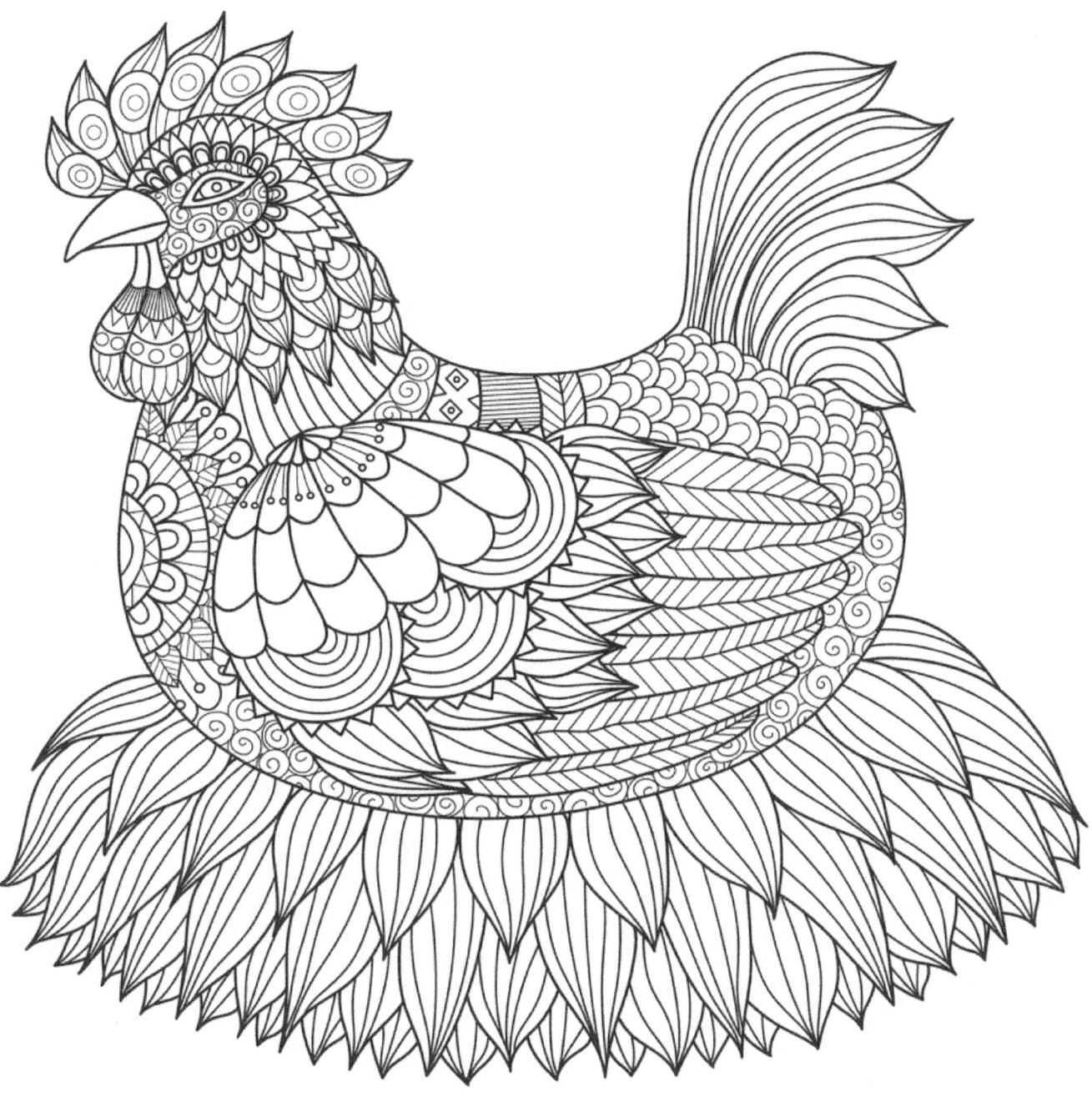

Artist : . . . .

Date : . . . .

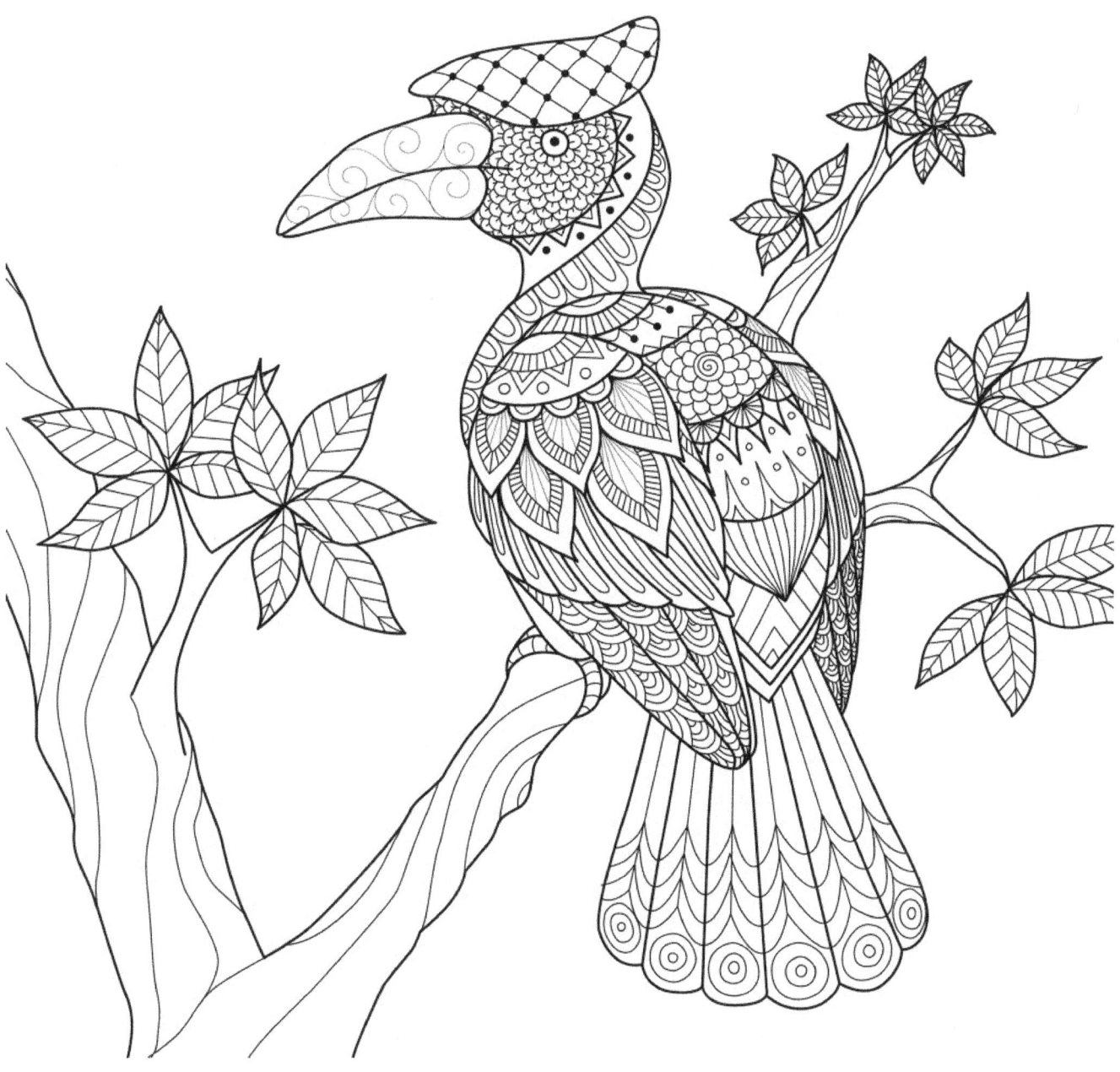

Artist : . . . .

Date : . . . .

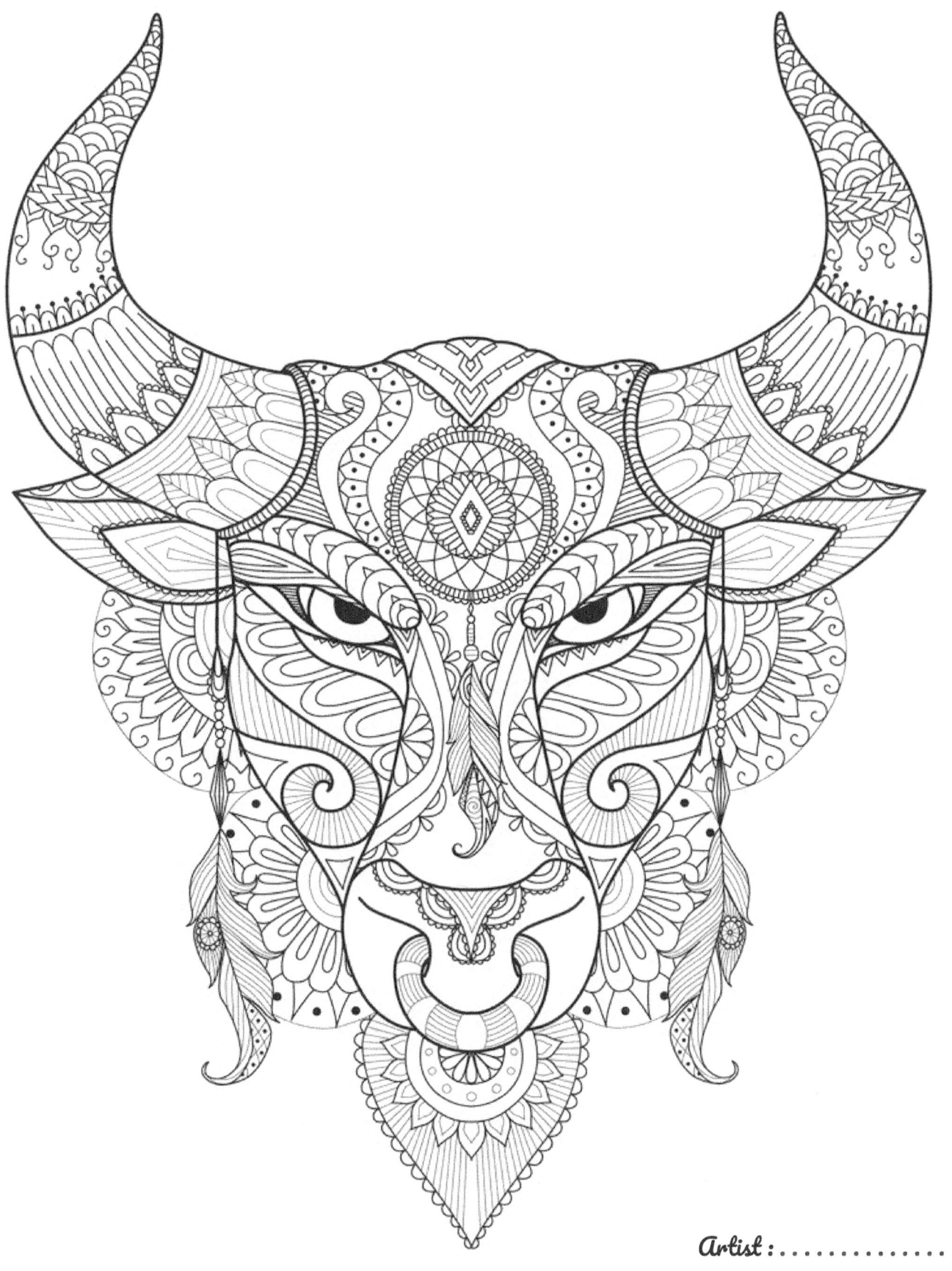

Artist : . . . .

Date : . . . .

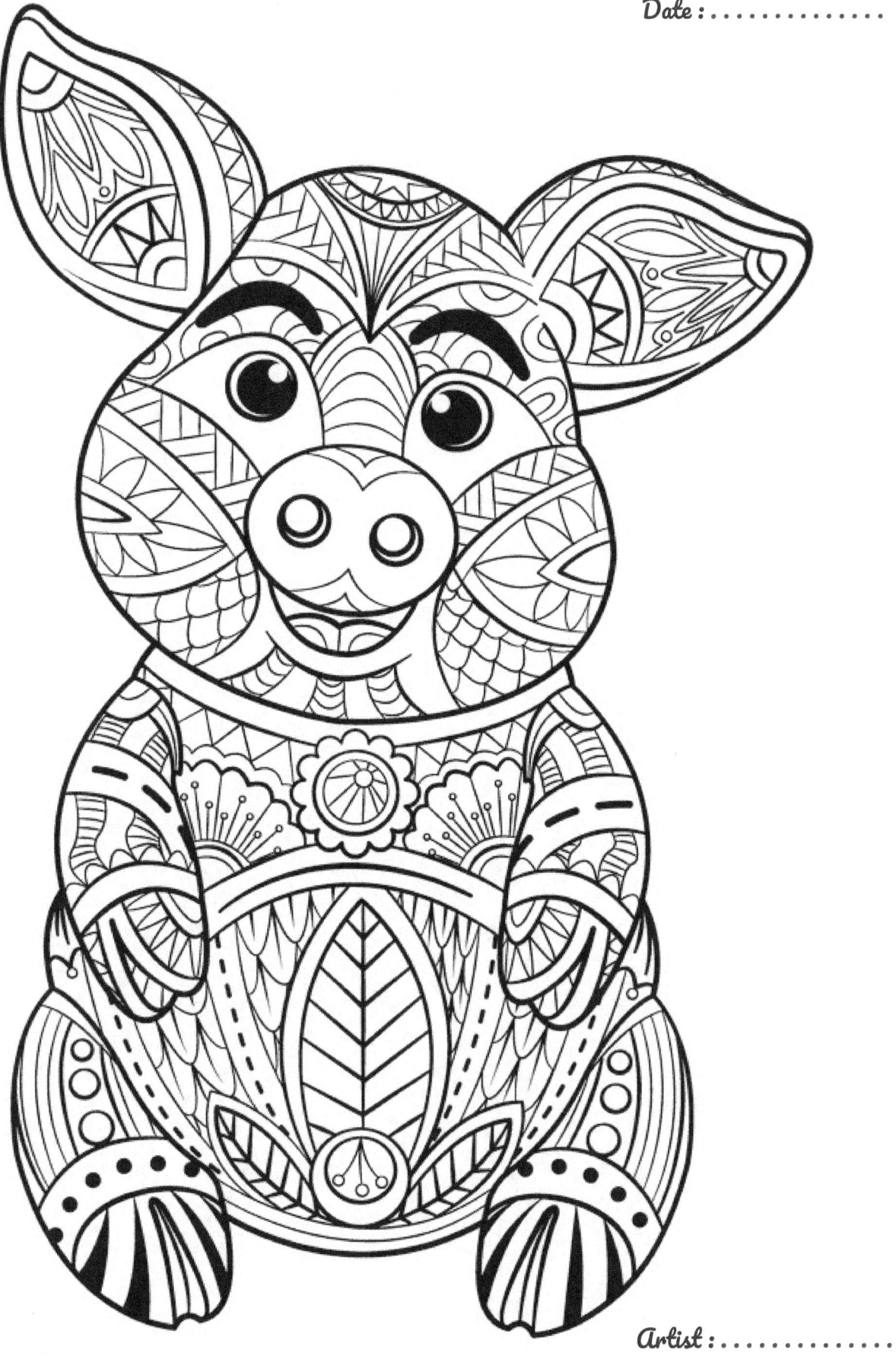

Artist : . . . .

Date : . . . .

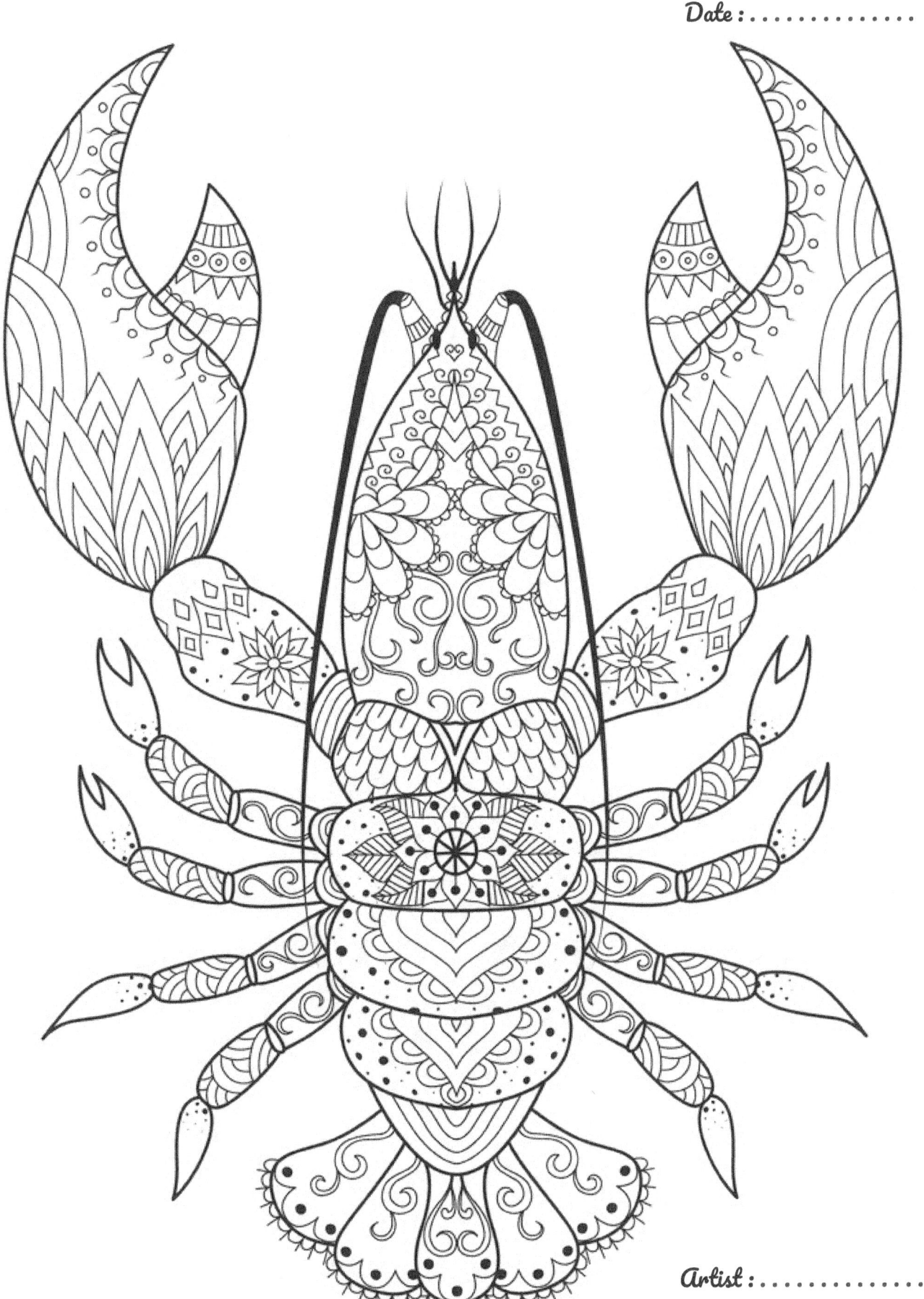

Artist : . . . .

Date : . . . .

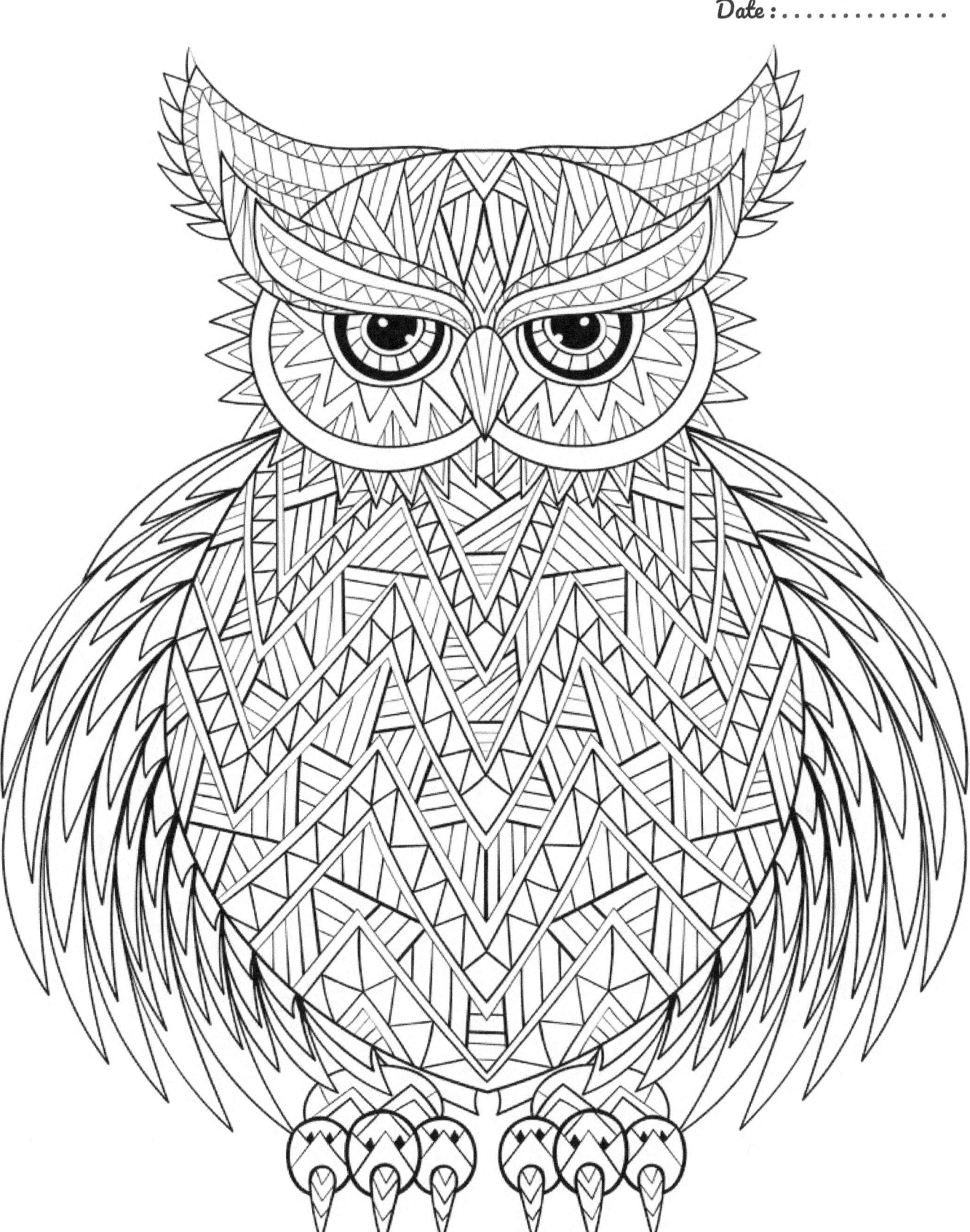

Artist : . . . .

Date : . . . .

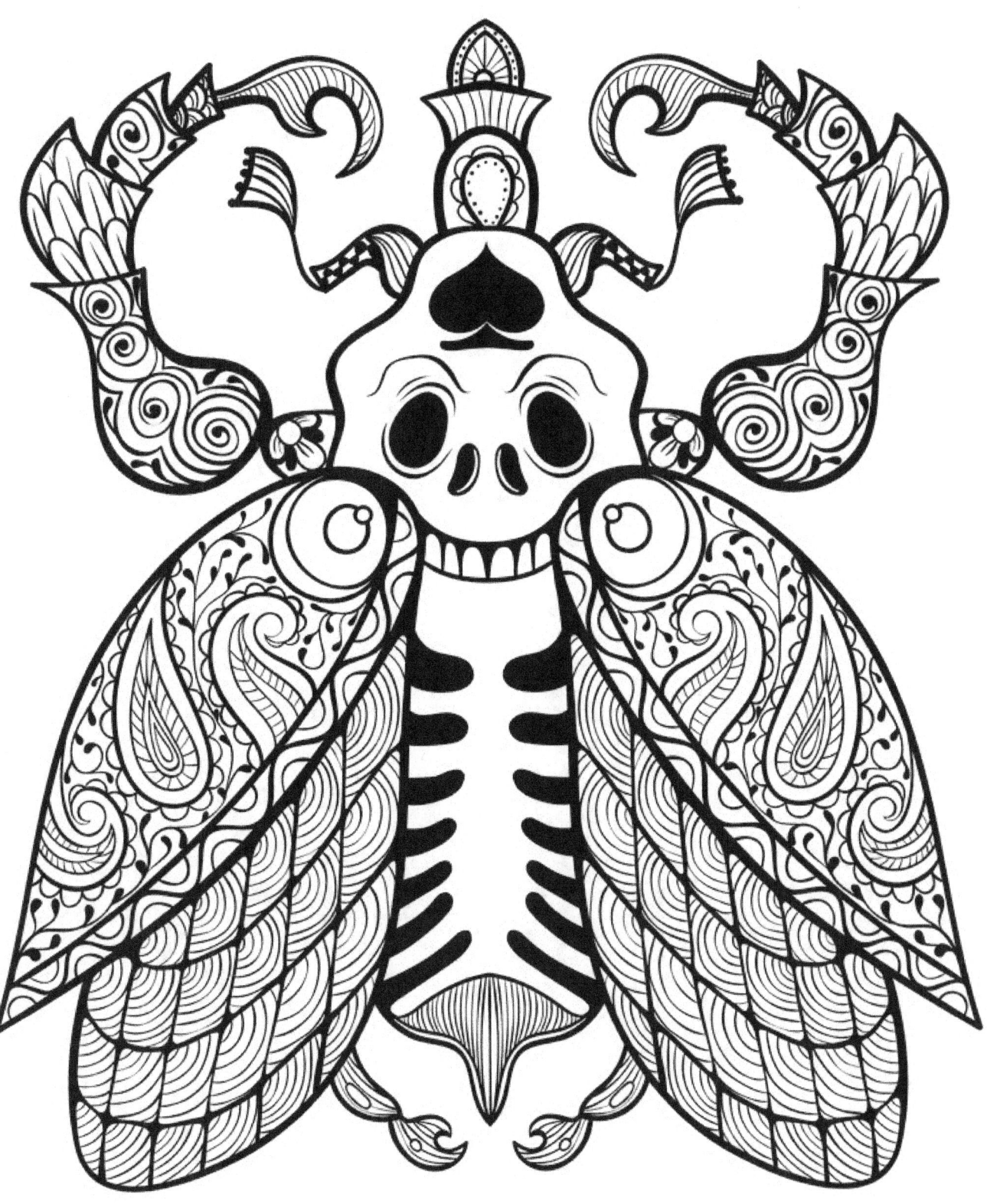

Artist : . . . .

Date : . . . .

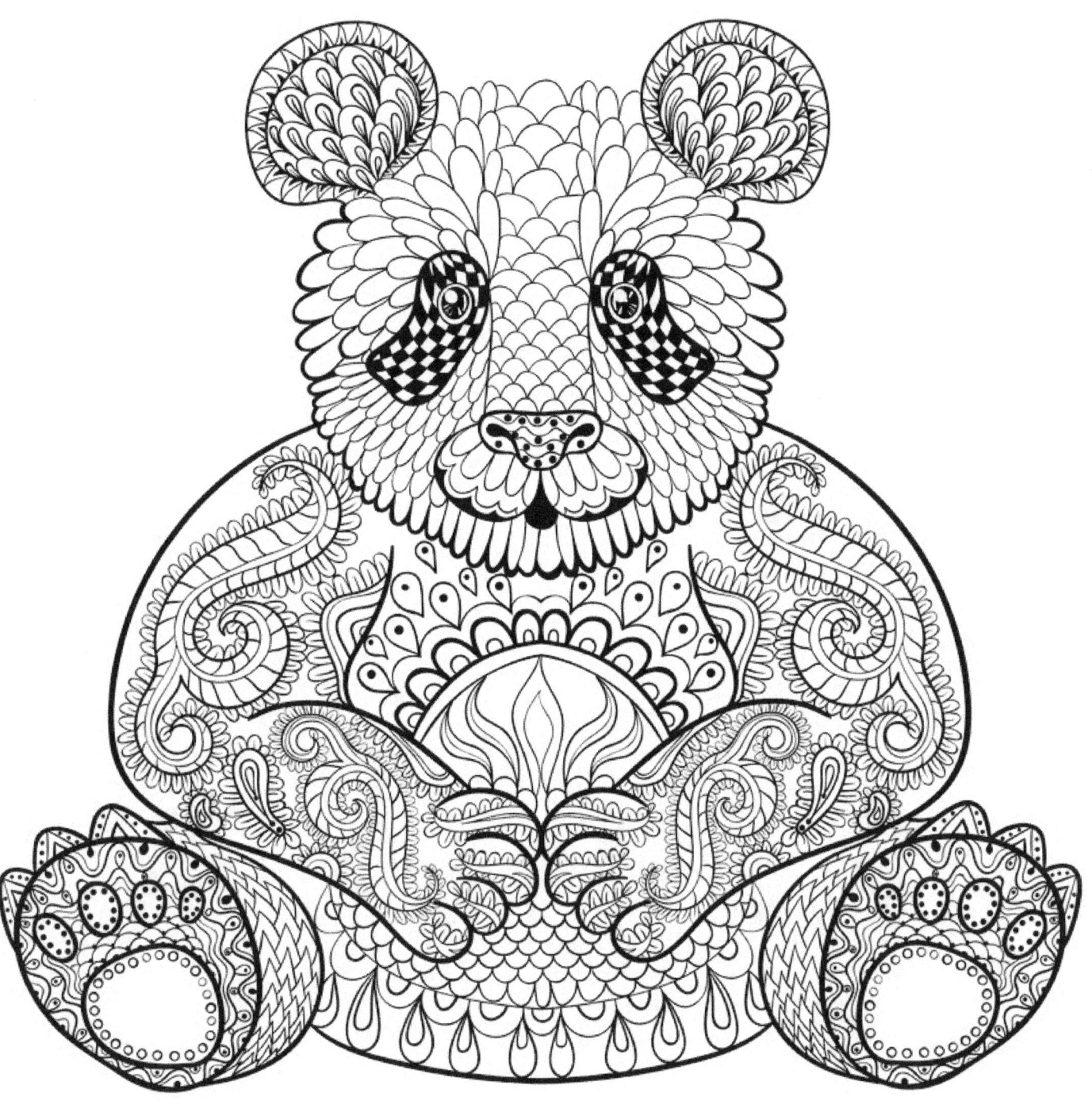

Artist : . . . .

Date : . . . .

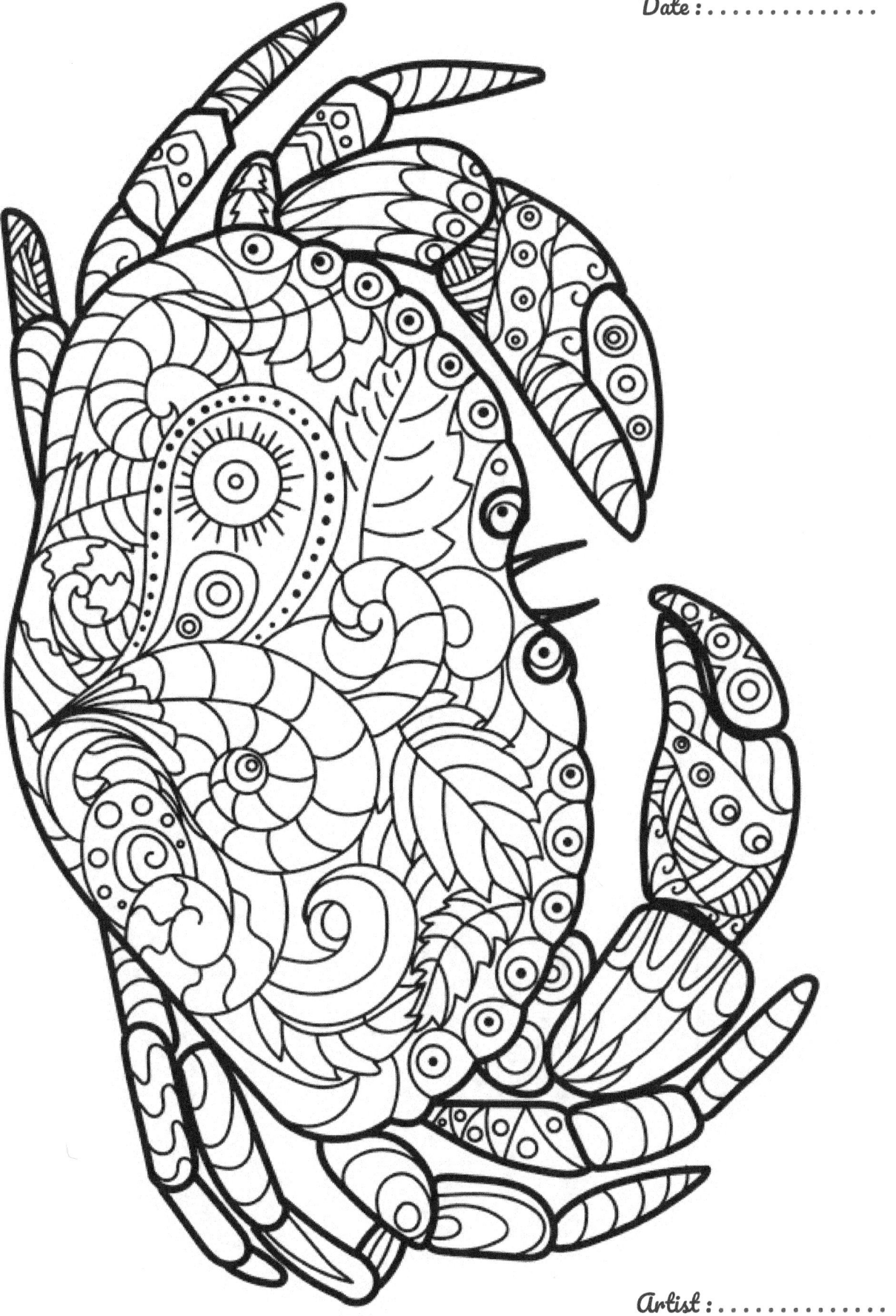

Artist : . . . .

Date : . . . .

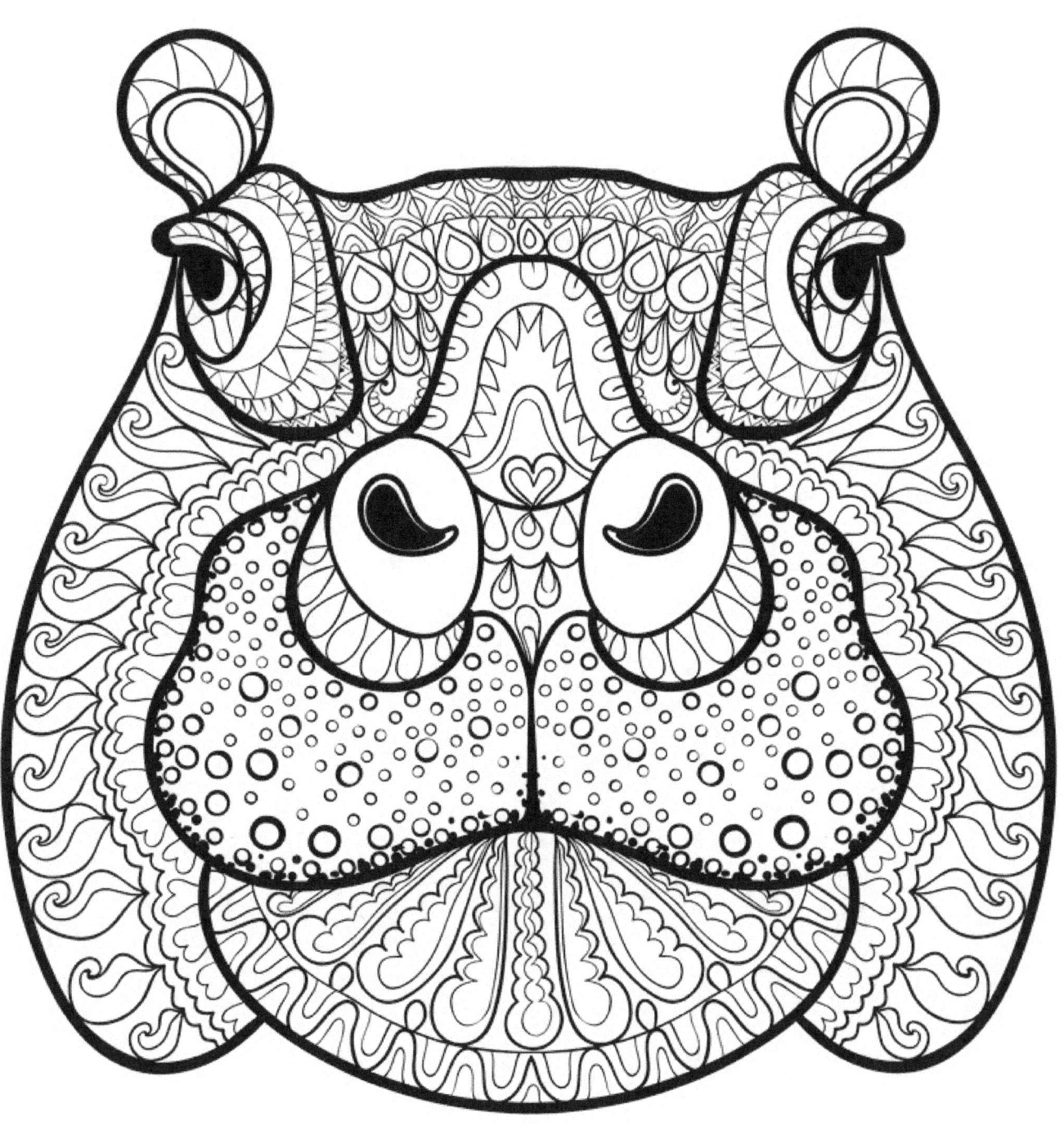

Artist : . . . .

Date : . . . .

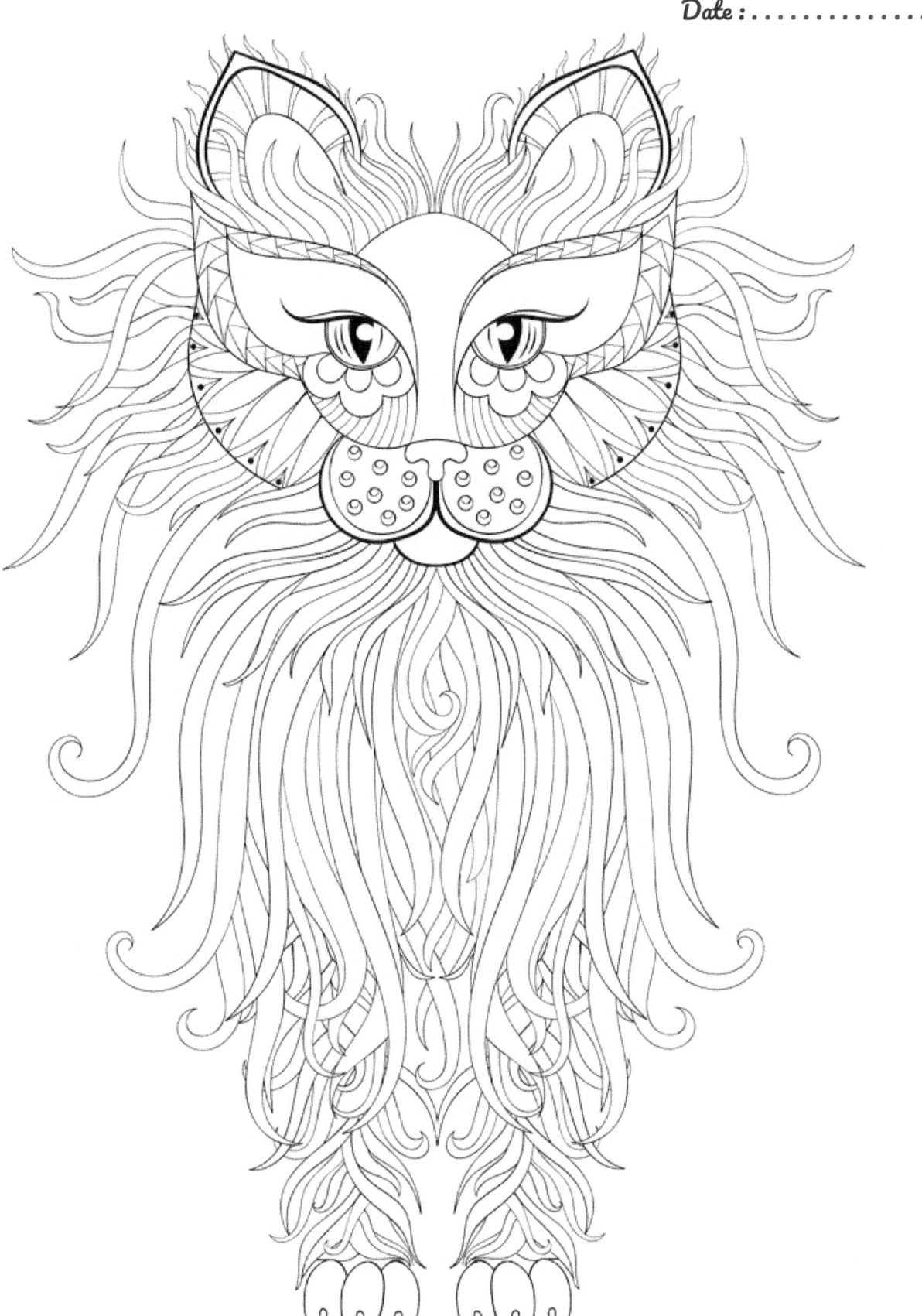

Artist : . . . .

Date : . . . .

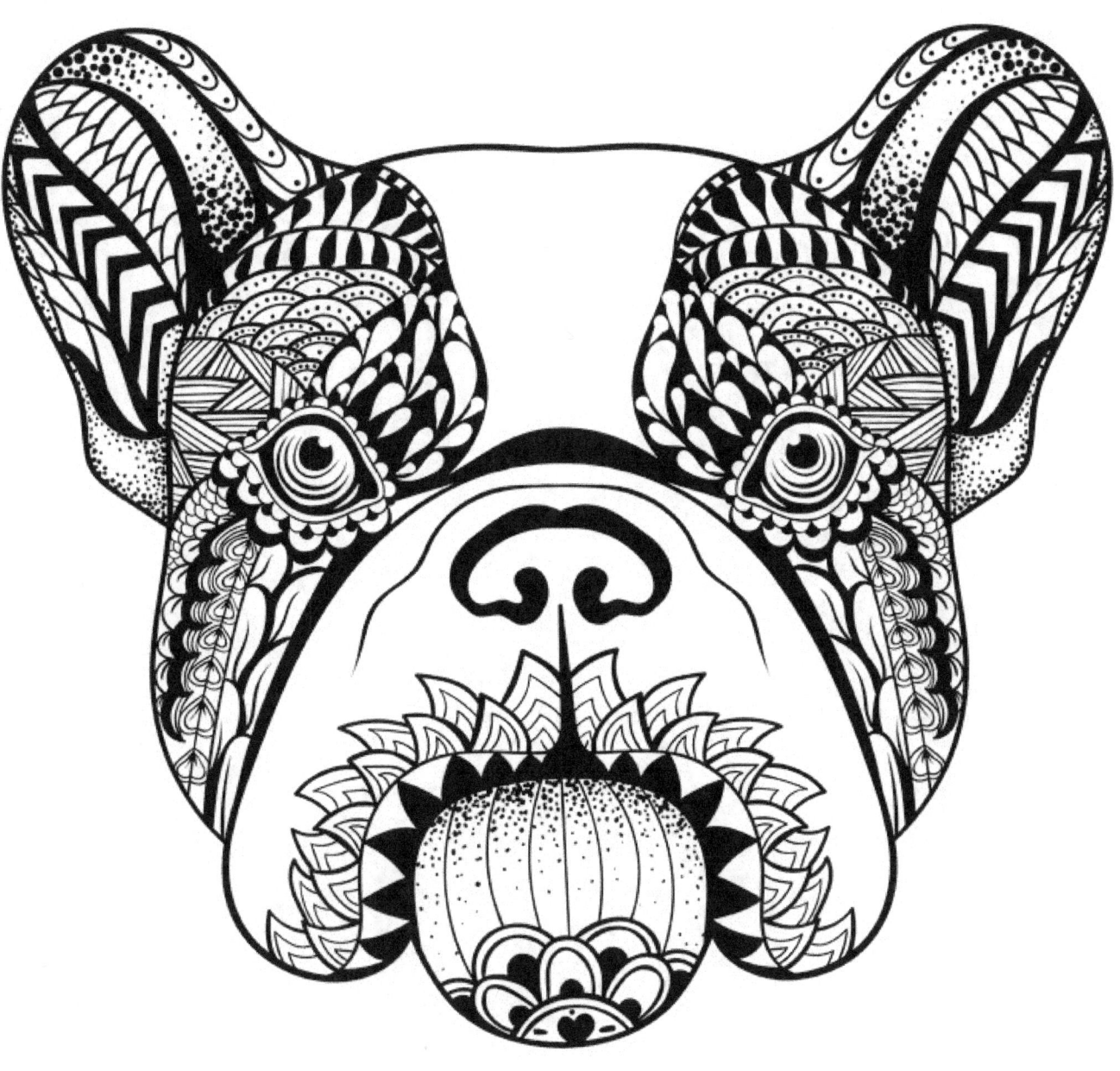

Artist : . . . .

www.ingramcontent.com/pod-product-compliance
Lightning Source LLC
Chambersburg PA
CBHW082016230526
45466CB00022B/2364